6—12 岁孩子的正面教育

陪孩子成长的那些事

主　编　欧阳琪
副主编　徐　涛　申瑶瑶

SPM 南方传媒

全国优秀出版社
全国百佳图书出版单位　广东教育出版社

·广州·

图书在版编目（CIP）数据

陪孩子成长的那些事：6—12岁孩子的正面教育/欧阳琪主编；徐涛，申瑶瑶副主编.— 广州：广东教育出版社，2024.1
ISBN 978-7-5548-5581-2

Ⅰ.①陪…　Ⅱ.①欧…　②徐…　③申…　Ⅲ.①儿童教育—家庭教育　Ⅳ.①G782

中国国家版本馆CIP数据核字（2023）第212015号

陪孩子成长的那些事：6—12岁孩子的正面教育
PEI HAIZI CHENGZHANG DE NAXIE SHI：6—12 SUI HAIZI DE ZHENGMIAN JIAOYU

出 版 人：朱文清
策划编辑：卞晓琰
责任编辑：周　莉　冯玉婷
责任技编：佟长缨
责任校对：罗　莉
装帧设计：喻悠然
出版发行：广东教育出版社
　　　　　（广州市环市东路472号12-15楼　邮政编码：510075）
销售热线：020-87614229
网　　址：http://www.gjs.cn
E-mail：gjs-quality@nfcb.com.cn
经　　销：广东新华发行集团股份有限公司
印　　刷：佛山市浩文彩色印刷有限公司
　　　　　（佛山市南海区狮山科技工业园A区　邮政编码：528225）
规　　格：787mm×1092mm　1/16
印　　张：14
字　　数：210千
版　　次：2024年1月第1版
　　　　　2024年1月第1次印刷
定　　价：48.00元

本书编委会

主　编：欧阳琪

副主编：徐　涛　申瑶瑶

编写人员（以姓氏笔画为序）：

朱智莉　张旭阳　张怡静　范秀红

郑洁华　赵　欣　黄必瑶　韩汝晴

养正扶助，陪伴成长

品读广州市天河区正面教育的案例成果，收获良多。印象最深的，是三个关键词：正面、案例、陪伴。受邀作序，我就谈谈对这三个关键词的感受。

教育本身就是正面的，教育即正面教育。或者说，养正扶助是教育的"本心"。人若不可教育，教育也就没有了存在的必要，人的可教育性是教育存在的前提。所谓可教育性，即人本身就具有积极的、向善的力量，教育就是要将本已存在的人性力量扩充、壮大。教育从来都不是"无中生有"的，而是"从小养大"的。我们常说，教育就是要在儿童心灵中种下良善的种子，但仔细推敲，这种说法并不准确。良善的种子本已在孩子的心灵之中，教育的任务不是播种而是呵护，教育是从种子到发芽、发育、成长的全过程。

对教育本心的发现古已有之。儒家主流的性善论，其实就是正面教育的人性根基。孔子讲"天生德于予"，将"德"视为"天道"在人身上的体现，"修德"（修己、修身）就是对每个人天生就有的德行的养与育。孟子讲"四端"，即恻隐之心、羞恶之心、辞让之心、是非之心，"人皆有之"。教育所要做的，不是在"四端"之外去开辟新的内容，而是将人

1

本身已经有的这"四端"扩而充之。

苏格拉底的"回忆"，阐明的正是德行是灵魂本身的蕴含，教育不在植入，而在"引出"，即将灵魂本身所蕴含的德行牵引出来并使之经过理性的验证进而发展壮大。亚里士多德将人的德行分为自然德行与完满德行两个层次，所谓自然德行就是天生就有的禀赋，而完满德行则是自然德行经过实践智慧淬炼与理性融合为一的德行。后者虽然是教育之追求，但对后者的追求一定是以前者为基础的。

正面教育即将人本已有之的良善德行呵护好并使之发展壮大，这不仅符合人之本性，也是教育规律的要求。人是复杂的存在，既有良善本性，也有作恶的可能，甚至可以说善恶一体。在成长过程中，在正向力量尚不够强大的情况下，将发展中的人暴露于恶的事物之中，其实是将其置于危险之中。因为在"正未养足"的情况下，人对恶的"免疫力"低下，很容易被恶沾染、腐蚀。养正，就是将儿童本身已有的良善力量扩而充之，而得到壮大的良善力量，其实也是抵御恶之侵袭的力量。

人们对正面教育有一些误解，比如认为正面教育就是将儿童放在温室之中，无法经历风雨的考验，也就无法形成对恶的"免疫力"。事实上，正面教育不回避恶，而是先养正，即在儿童获得一定的良善力量，对恶有了一定的抵抗力之后，才有节奏地让他们去面对恶，让良善力量经受淬炼进而得以坚固化。

养正扶助的教育本心，在现代教育中渐渐被蒙尘、遮蔽。在一些教育活动中，养正不再是焦点，而防范、惩处则成了焦点，教育活动变成了预防犯错与惩处儿童的代名词。这种教育活动背后，其实是有人性预设的，即不再相信人包括儿童的良善本性，不再相信教育的养正本心，反而相信人与儿童的消极性，相信教育的任务在于防堵或"制恶"。

预设即教育。当我们从消极方面来预设、看待儿童的时候，我们的教育实践本身就带有了消极性，本身就在向儿童发出暗示。在一定程度上，预设也是诱发。预设儿童的消极性，儿童就会表现出消极性。防堵或"制恶"导向的教育，在儿童犯了错误之后，往往实行严厉的惩处。在惩处逻辑下，让犯错者付出代价以吓阻犯错者和其他人不再犯错的逻辑成了主导性的逻辑。吓阻逻辑，利用的不是儿童内在的积极力量，而是恐惧等消极因素。吓阻逻辑的盛行，使教育异化为与法律制裁类似的活动，养正扶助的教育本心则被进一步搁置。

以吓阻、威慑为逻辑的"消极教育"（如果还算得上是教育的话）问题如此明显，但在现实中为什么还有那么多人痴迷向往呢？这里面有一个迷思，那就是不切实际地渴望通过"非教育的方式"来解决教育问题，渴望通过威慑来"防患于未然"，渴望通过惩处来获得立竿见影的效果。威慑利用的是人的消极力量，压抑的是人的积极力量，效果不能长久还是其次，关键是不能促进人的发展；惩处频用，掩盖的是问题，带来的是伤害。学术研究早已发现，那些在学校总是受到惩处的孩子，走出校门之后做出的越轨、违法甚至犯罪行为往往更为严重。

正面教育是教育的"本心"，这个道理不难理解。但知易行难，在大规模、竞争化的教育时代，如何实行是一个很大的挑战。在大规模教育下，约束是最容易使用的手段，而约束利用的是人的自我保护等消极力量；同龄人聚集在一起接受教育，激发竞争是最方便的管理手段，而竞争逻辑背后同样是利用人之争强好胜等消极力量。作为教育之本然形态的正面教育困难重重，而消极教育则畅通无阻，可以说是正反颠倒。在这种局面下，渴望一朝一夕式的全局性改变并不现实，但可以从局部和细节做起。广州市天河区通过多年实践研究所凝聚的正面教育案例集，正是这种努力的体现。

这套丛书，聚焦正面教育的丰富案例，以鲜活的教育活动细节来呈现正面教育的生动过程。每一个案例，都是从行为描述开始，然后详细呈现正面教育的全过程，最后是教育反思。这样详细的呈现，能最大限度地展现针对具体行为问题进行正面教育的细微精到之处，"毫发毕现"，可以为读者的学习和使用提供最为详尽的参考。更为难能可贵的是，这个成果集，不但细说了如何做的过程，还讲清楚了这样做的道理。在每个案例的开头，都简明扼要地呈现了所针对的行为问题、所运用的正面教育理念与所使用的正面教育工具。这个看似简单的环节，实际上至关重要，一方面为整个教育案例的展开提供了理论依据，另一方面也为读者如何借鉴、使用案例提供了理念与方法指导。

以案例呈现研究成果也有局限性，那就是不易体系化。本套丛书对这个局限性也有所突破。每个案例聚焦于一个问题，但几个案例组成一个"单元"，共同指向一个"问题域"，不同的"问题域"组合在一起，就涵盖了不同学段儿童发展中的基本主题，比如，小学阶段的"问题域"包括内驱力、师生关系、情绪管理、班级生活、行为规范，建构出对小学生进行正面教育的一个相对完整的体系。这样的精心设置，既可以为读者提供单个问题的详尽参考方案，又可为正面教育的整体实施提供体系化指引。

丛书所进行的正面教育，也可以说是家长和教师以陪伴的方式进行的，体现出"教育即陪伴，陪伴即教育"的特色。案例所记录的，从专业来看，是正面教育的一个个细节；从生活来看，是父母和教师陪伴儿童成长的过程。儿童无法独自成长，每个儿童的成长都发生在"人之间"，都需要上一辈的陪伴。陪伴作为教育方式，有约束、管理、管教、训练等其他方式所没有的独特优势。首先是陪伴具有情感性。父母和教师对儿童成长的陪伴，其实是爱的一种方式，是以陪伴去爱儿童。其次，陪伴包含着对儿童自主的尊重。作为教育者，我是陪儿童成长的，在儿童需要的时候会给予帮助，但成长与发展主要还是儿童自己的事情，我不会横加干涉。再则，陪伴也是示范。教育者的陪伴，不是将注意力都放在儿童身上，时刻关注儿童做了什么、该如何做，而是与儿童自然交往，以自己的良好行为与适当反应为儿童做出示范。最后，陪伴作为教育方式，体现了"大处着想，小处着手"的思想。教育者陪伴儿童，不是想去主导其生活与发展方向，而是扶助其自主发展，让他们成为主体性存在，这是从大处着想；但在具体生活细节上，教育者又时刻在儿童身边，给予尽可能的支持与帮助，这是从小处着手。两个方面结合，才是有效且美好的教育。

以上是我学习正面教育案例集的点滴体会，权充为序。

华东师范大学教育学部　高德胜

2023年11月

目 录
CONTENTS

第五章　行为规范

附　录　班会实录

第一章

内在驱动力

赋以自信的"能量水"

行为关键词： 应对新挑战

运用正面教育理念：

1. 纠正错误之前先建立连接。
2. 孩子感觉好的时候，表现才会好。

运用正面教育工具：

1. 转移注意力，引导孩子自我赋能。
2. 近距离倾听。
3. 鼓励的语言。

行为描述

　　根据心理发展规律，学龄期的孩子处于品德发展的"获得勤奋感与克服内疚感"阶段。他们开始体会到勤奋与成功的关系并开始形成一种成功感。这阶段的孩子渴求老师、家长、同伴等外界的认可和接纳，如果能成功地完成任务，孩子就会获得一种责任感而避免自卑感的产生。反之则会使孩子更加自卑而选择逃避、合理化等方式应对学习任务。正面教育理念倡导：孩子在感觉好的时候，表现才会好。价值感是每个人的内在需求，只有孩子相信自己有价值，才能不畏困难，愿意与人合作，积极迎接新挑战。

在一年级开学初期，新生小安的行为不自觉地引起了我的注意。当其他孩子在高兴雀跃结交新朋友时，他总是默默待在角落不吭声。在排队时他总是默默排到最后面，意图把自己隐藏起来。在课堂上他也变成一个"小透明"，每次提问，我对他投以期盼的眼神时，他都是默默低下了头，眼神躲闪，像是恨不得找个地洞钻进去。等我将注意力转移到其他同学身上，他才再次抬起头，把视线转回到课堂上来。我尝试与他沟通，告诉他应该怎么做，但胆怯的小安还是喜欢躲在自己的小世界里，沟通效果不佳。当时的我没有意识到或许要换另一种解决方法，我以为只是孩子性格问题，直到那天的爆发……

在一次语文课堂中的小组讨论环节，孩子们都热火朝天地讨论起来，并且铆足劲儿想要展现自己的风采。轮到小安他们组时，组员一直推选小安发言，我在旁边默默看着，想着借这次机会让小安主动站起来突破自己内心的屏障。从组员的推选到全班一起为他加油打气，刚开始小安还只是羞红了脸，一直低着头不说话，一脸踌躇不安的模样。随着大家的起哄声越来越大，小安突然情绪爆发，站起来大喊："我就是不想说嘛！为什么要叫我？烦不烦！"然后他坐下去趴着，开始小声啜泣起来，这时班上其他孩子也慌了，大家都面面相觑。孩子们看一下小安又看一下我，那模样仿佛做了天大的错事一般。而我很快就冷静下来，想到正面教育中"积极的暂停"，当时班上还没有设置"积极暂停区"，于是在紧急情况下，我让小安到办公室去阅读课外书，试图稳定他的情绪，也让其他孩子把专注力转移回课堂上。

在课后我和小安爸爸妈妈打电话了解孩子在家的情况，很惊讶地发现父母眼中的小安是个乐于分享、能说会道的孩子。排除了性格问题，我想到了正面教育中提到的"正面连接，建立亲密和信任"，或许在一个新的集体中他没有找到归属感，没有与老师和同学们建立信任感和亲密感，才会导致小安的胆怯和逃避。然后我开始试着与孩子建立信任感和亲密感。

我把小安叫到只有我和他的教室里，我说："小安，老师知道你此时此刻有点生气、后悔和尴尬，但是没关系，我们一起来分析解决，好吗？"小安见我并没有因为他扰乱课堂而生气，反而耐心地开导他，犹豫片刻，他点了点头。在沟通中，我也知道小安其实很想融入班级，希望交到好朋友，但他在幼儿园总是因为与同学发生争执而被老师批评，所以他害怕别人不喜欢他、不想跟他玩，于是把自己藏在自己的小世界里，渐渐地，他发现大家都找到了好朋友，都敢于大胆表达自己的观点，他开始自卑，不断否定自己，慢慢地习惯将自己隐藏起来。了解到小安的真实想法，我开始采取行动引导他、帮助他。

要处理问题首先要处理情绪，我将我的亲身经历与小安分享："老师小时候也总是害怕别人对我有看法，屡次的考试失败让我一度怀疑自己，我当时很自卑、很难过，觉得自己就是不好，但后面我试着改变了自己的心态，努力去尝试所有我认为不可能完成的任务，才发现其实一切没有想象中的那么难。"说完后，小安答应我勇敢去尝试一下，试着大胆去表达自己。在后面的学习中，小安虽还是有些胆怯、羞涩，但碰到有把握的问题他开始尝试举手回答，进步明显。后来，一次偶然的机会让小安真正找回自信心与归属感。

学校举行年级篮球赛，小安也是班级篮球队队伍中的一员。我想：不妨通过这次篮球赛，让小安为自我赋能，增强其自信心。我指导同学们组建啦啦队，为班级篮球健儿们呐喊助威。在一场场比赛中，在一次次加油呐喊中，在一次次精准投篮中，小安越战越勇，屡屡投出三分球为班上追回比分。每次比赛结束后，啦啦队的孩子们都会跑上去给小安欢呼和拥抱。在那段时间里，小安脸上的笑容也越来越多了，眼神中的胆怯也逐渐消失了，整个人变得比从前自信从容了许多。课堂上我试着更加频繁地点名小安，在他自信发言后给予正面的评价。渐渐地，每次上课都能看到小安积极举手、认真参与小组讨论的身影，下课后他也试着融入同学们的玩乐中。小安逐渐对我产生了信任，时不时还会过来和我分享他的快乐。"老师，我昨天捉了一只大乌龟，下次拿给你看看。""老师，我交到了一个新朋友，我们大课间还一起玩游戏呢！"……小安俨然把我当成了他的知心朋友。在此之后，我也定期安排时间倾听小安的欢喜忧愁，给他指导建议。

最后在班干部选举中，自信的小安如愿当上了他梦寐以求的体育委员，这时候他不再推托胆怯，而是认真负责地完成老师布置的任务，成了孩子们心目中的榜样！小安的事例让我更加坚定要通过正面教育去影响孩子、约束孩子。

正面教育告诉我们：孩子感觉好，才会做得更好；孩子的首要目的是追求价值感与归属感。

或许在正面教育的影响下，每个孩子都能顺利地应对人生中不同的挑战，成为自己心目中的榜样，难道不是吗？

自我反思

每个孩子身上都有巨大的潜能，只是缺乏勇气和自信。在新挑战来临时，与其一味告诉孩子应该怎么做，不如试着引导孩子找到自身的归属感和价值感，只有他自己感觉好时，事情才会变得更好。"尺有所短，寸有所长。"孩子是发展中的人，更需要我们耐心倾听和引导。帮助孩子通过自身的闪光点来激发孩子内在的潜力，才能使他完善自身，得到意想不到的结果。而这也是我们新时代教师应该做的——为每个孩子赋能，做好每个孩子忠实的引路人。

作 者 信 息

姓　　名：邓尔文　　　　　　　单　　位：广州市天河区四海小学

我是"听写小达人"

行为关键词：不交听写本

运用正面教育理念：关注问题的解决，而非让孩子付出代价。

运用正面教育工具：赢得孩子合作的四个步骤。

1. 表达出对孩子感受的理解。

2. 表达出对孩子的同情，而不是宽恕。

3. 告诉孩子你的感受。

4. 让孩子关注如何解决问题。

行为描述

　　小学二年级的学生大多天真、活泼，有着较强的好胜心、求知欲、表现欲和可塑性，学习、生活中常常渴望得到家长、老师或同学的肯定，竞争意识也开始出现。由于学生的生理、心理尚未发育成熟，在学习上遇到困难或挫折时，他们分析问题、解决问题的能力仍需要注重加强培养。在语文课堂听写活动中，常常期望自己能够得到高分从而得到他人的认可。随着识字量的逐渐增多，识字写字的难度也在相应地加大，对学生的学习能力、应对挫折的能力提出了更高的要求。这些都需要我们给予正面引导和教育，促使其养成积极的心理品质。

小宇是我班的一位男生，活泼、开朗、自信，人际关系良好，学习能力较强，基础扎实，是大家心目中的"学霸"。

上午第一节语文课，我照例组织同学们进行词语听写，待全班听写完毕，要上交听写本的时候，小宇迟迟不肯把本子交给小组长，而是趴在课桌上一边流眼泪，一边握着笔写着什么，但他写了擦，擦了又写，反反复复。此时的他，小脸蛋也涨得通红。对此，我感到十分诧异：咦？小宇怎么了？发生什么事了？平时课堂听写总是表现得自信满满的小宇今天怎么会这样子呢？我连忙放下手中的课本，从讲台走到他的座位旁了解情况，又拿起他的听写本看了看，才得知：原来，他是因为一时之间忘记了怎么写"烧烤"的"烧"字，才会这样情绪不稳定的。

显然，他的这种情况已经影响到了小组交听写本的速度以及接下来班级上课的整体进度。这放到以前，我可能会生气，用略带指责的口吻对他说："昨天老师已经布置你们回去复习生字词了，看来你没有认真去完成啊！时间已经到了，写不出来就先不要写了，请你先交听写本给组长吧！不然就要耽误大家上课了。"但是，此时的我，深知无论是生气、批评，还是置之不理，都无助于问题的解决，那样只会令小宇更加难过。此刻浮现在我脑海中的是正面教育的一个基本理念：关注问题的解决，而非让孩子付出代价。同时，我还试着运用正面教育的一个工具：赢得孩子合作的四个步骤。

首先，我表达出对小宇当下感受的理解。我弯下腰，轻轻地抚摸了一下小宇的小脑袋，和颜悦色地对他轻声说道："小宇，想不起这个字怎么写了是吗？"只见他微微点了点头，又抹了抹眼角的泪水，继续看着他桌面上的本子。"嗯，老师真的非常理解你，看到你这样，我想起我小时候读书时，也曾经有过跟你类似的情况，有一次课堂上默写某个英语单词时，怎么想都想不起来，那时候我也跟你一样无助、着急、难过。不过，没关系，如果你愿意，咱们课后一起想办法克服这个困难，好吗？"

听到我这样说，小宇再次点了点头，渐渐停止了哭泣，心情也稍稍平复了一些。

要想赢得孩子的合作，我需要表达对小宇的同情（共情），了解他内心的想法。课后，我邀请小宇到办公室聊天，我对他说："小宇，你是班上的识字大王，平时听写也常常全对，今天一时之间因为忘记了一个生字怎么写，在课堂上着急而伤心得哭了起来。你可以跟老师说说你当时是怎么想的吗？"

小宇呆呆地站在我面前，低着头，没有出声。我轻轻地抚着他的肩膀，对他说："嗯，小宇还没想好怎么告诉老师，没关系，老师愿意等你。"过了一会儿，小宇抬起头，低声跟我说道："老师，听写的时候，我忘记该怎么写'烧'字了，怎么想都想不起来，急得流眼泪，我担心这一次拿不到'A+'了，回到家后也可能要被妈妈批评。可是我越着急、越担心，就越写不出来。我不知道该怎么办。"此时，我发现他的眼眶微微泛红。

紧接着，我跟孩子分享了我的个人感受。我对小宇说："当时看到你那样子，老师的内心也是五味杂陈的，既感到困惑，也有点担心和难过。"话音刚落，小宇又不好意思地低下了头。

我知道，这时候应该引导孩子关注如何解决问题了。我对他说："没关系，那现在让我们一起来动脑筋想一想，我们可以怎么做，避免以后遇到类似的情况。"

小宇将目光看向别处，再次陷入了沉默。过了一会儿，他跟我说：

"老师，可是……我发现，有些生字我老是会忘记，我……写不出来。"于是，我引导他回忆课堂上学过的方法。他想了想，说："老师，我以后写生字时，要更加认真，一边写一边记住生字的样子，用自己喜欢的识字方法去区分样子相像的生字。晚上睡觉之前把新学的生字词读一读、默一默，让自己的记忆更加牢固。"

我不禁竖起大拇指，对他的观点表示称赞："哇！太棒啦！这个办法真不错，值得分享给全班同学学习呢！你真不愧是班上的'听写小达人'。"此时小宇眼睛仿佛突然有了光，开心地笑了。

当天下午，我顺势利用短短20分钟的午读时间，在班上开展了一次小型班会课，组织全班学生就"怎样做才能提高听写正确率"共同思考讨论，提出具体的、可操作的学习小妙招。最后，大家一致投票决定：可以利用课间时间玩"字词飞行棋"小游戏，这样既充实了大家的课余生活，又可以巩固所学生字词；以及在每次课堂听写之前，请课代表带领全班同学熟读一遍有关的生字词并进行书空、复习，加强记忆。全班学生都表示要争当"听写小达人"，成为更加优秀的自己。

自我反思

面对学生带给我们的挑战，我们的应对方式不能简单地归结为批评、指责、惩罚。我们要做的是"和善而坚定"地去"赢得"孩子的合作。有的学生在学习或生活中受到挫折后会渐渐丧失自信，甚至变得自暴自弃，我们可以巧用正面教育的工具——解决问题的四个步骤，与学生建立友好的关系（情感连接），感受并识别学生当下的感受，做出共情回应，双方共同努力寻求解决问题的策略，并且以点带面，开展集体教育。由此，我们才得以在引导一个学生正向成长的同时，也收获一个积极、阳光、健康的班集体。

作 者 信 息

姓　　名：刁其芳　　　　单　　位：广州市天河区黄村小学

天籁之声
——心中的自我赞歌

行为关键词：怀疑自己"笨"，没有人喜欢自己

运用正面教育理念：孩子做出某种行为的首要目的是追求归属感和价值感。

运用正面教育工具：鼓励性的三种语言。

1. 描述性语言——描述孩子做得好的、有进步的地方。
2. 感谢性语言——孩子怎样帮助到人，给别人带来怎样的影响。
3. 赋能性语言——赋予孩子能量，如表现出相信孩子。

行为描述

　　小学阶段是一个人形成自信心的关键时期。孩子对自我的认识往往为身边的老师、同学与家长的评价所左右。当固有的偏见、消极的评价注入孩子的心中，孩子又找不到自己的价值所在时，孩子不仅会对个人甚至整个群体都产生厌恶心理，同时也会影响对自己的看法，事事都不敢有所"为"，甚至会变得自卑。引导孩子建立自信心，帮助孩子在他人的评价之外找到自我价值感，是我们教师的责任所在。

小希又一次情绪崩溃，泣不成声。当他来办公室找我时，我以为是像惯常一样，因为手工失败而难过，他要找一个宣泄口。但是，耐心倾听后我发现，原来牵动他情绪的并不是这次不太好的经验，而是同学们因为他的"失利"找到了一个取笑他的理由。

我听完之后，出于惯性去拍拍他的肩膀，安慰他：没关系的，只要你努力了就可以了，手工可以慢慢改进，不如我们一起来看看吧。但是这句话并没有触动小希的内心，他越发激动，大喊了一声："不是，同学们都很不喜欢我，都来笑我，我做什么都是错的！"

这显然是一种很消极的评价。说完他抱着头，将脸埋在双手间，我只听到他不断地哭泣。我开始慢慢地调整自己，让自己不要被惯性控制，试着了解他为什么会得出这样的结论。"为什么你会觉得大家都不喜欢你呢？"我问他。"因为他们平时会说我坏话，也不跟我玩。"小希的声音充满了不甘和愤怒。"那你了解过他们为什么这么做吗？""他们觉得我笨。"小希的抽泣声更强烈了。"那你自己觉得呢？你觉得自己是一个很笨的人吗？"小希听了低下头，音量降下来了一些，回答道："有时候是。"很显然，"笨"这个字眼触及他内心的敏感地带，我抓住这个关键词，找到了帮助他的方向，于是，我继续追问："是因为别人说你笨，还是你觉得自己笨呢？"小希有些动摇了，犹犹豫豫地说："是因为他们一直说我笨。"

从小希的话语中，我了解到他会因为别人对他的评价而怀疑自己，外部评价影响了他对自己的看法。找到了原因，我想给予小希鼓励，最好为小希提供能使他不为别人负面评价所左右的自信。当然，想要拉近和孩子的距离，我认为表达自己的同理心很重要。"小希，我知道同学们说你'笨'让你很生气，我非常理解你的心情，因为在你自己看来你并不是一个'笨'的人，是吗？"

小希向我点点头，他的反馈实际上也鼓励着我继续前行。但我没有"乘胜追击"，而是留一点时间给小希消化，也慢慢在脑海中组织起自己的语言，我既想达到鼓励他的效果，又不想简单地用无理由的赞扬来"糊弄"他，因为孩子远比我们想象的要有智慧。这时我想起了正面教育的"描述性语言"，我想先引导他发现自己的亮点："小希，老师昨天看到你用一支笔做支架让失物招领箱重新'站'起来了，你怎么会想到这个办法呢？"小希被新的话语吸引，露出了半边脸，用颤颤巍巍的声音回答："我在家里就这样做过类似的，我是随便一摆就摆出来的。"看来，他并没有将自己所做的事情转化成对自己的欣赏。我接着说："你发现了吗？你其实有一双'巧手'，动手能力很强，大脑里还有很多奇思妙想。"小希听到了有些不好意思，说这也没什么。这时小希还是不太相信我对他的评价，或许在他看来，这更像是一种安慰而已。

"你的笔摆上去之后，老师还观察到同学们对你的评价呢！"小希好奇地抬起头来，定睛看着我。"我听到同学们说，原来是小希做的，他们都没想到呢！他们说做得真牢固，连一把雨伞放上去也不会压坏。"当听到具体的反馈，小希很惊喜，慢慢平复下来了，控制住了情绪，擦眼泪的手也停住了。"真的吗？""当然是真的，老师也想感谢你，帮我们班修理好了这个失物招领箱，让大家能继续使用它。"听到了"感谢性语言"后，小希的脸上露出了一抹羞涩的笑容。

我感觉他已经感受到了周围的善意，但我还想继续鼓励他，让他找到自我价值感。于是，"赋能性语言"登场，我说："老师看到了你在修理箱子上的'金点子'，这样的你又怎么会'笨'呢？老师相信你下次也能运用你的聪明才智来为班级做更多的贡献。所以，你愿意继续帮助班级吗？"小希重重地点了点头，用洪亮的声音回答我："可以呀！我愿意！"我没有再和小希说"不要哭了""坚强一些""不要管别人"这类"未经打磨"的话，他平静而坚定的表情已告诉我：他可以冷静地看待这件事，并且发自真心地想为班级继续出力。

在接下来的班会上，我还设计了"创意交谈会"环节，请小希分享他修理箱子的想法和创意，课室里响起了掌声，小希绽开了笑颜，因为大家看到了小希的价值，小希也感知到自己在班级里的重要性，在心中唱出了对自己的赞歌。

自我反思

　　孩子做出某种行为的首要目的是追求归属感和价值感。如果我们只跟班级同学表达大家要多鼓励这位伤心的孩子，不要用消极的话来评价孩子，大家可能因没有具体依据而不会信服我所说的话。对这个孩子来说，再多的鼓励也只是老师的话，不是同学的评价，也不是自己心中真正认同的，并不会真正帮助他树立起自信心。同时，"坚强一些""不要管别人的看法"这类完全撇开孩子具体表现的话是很难让孩子从打击中站起来的。

　　如何进行有效的鼓励？正面教育中鼓励性的三种语言给了我启示。先用描述性语言找到孩子的亮点，让接下来的感谢性和赋能性语言有了坚实的基础。感谢性语言让孩子感受到别人对他的实质性的认同，而赋能性的语言又直接作用于孩子，让他可以真正从自己的亮点中发掘到自己的价值。从亮点出发，整个班级也会重新来认识这位孩子，从评价者转为欣赏者。对于这位孩子来说，鼓励性的三种语言不仅令他坚定了自我认同，外部消极的评价也会慢慢减少，让他得以真正建立自信心。当然，发现孩子的亮点也必不可少，亮点的发掘就在日常与孩子的相处和观察中，这个亮点最好能够切中孩子的内心，同时与班级相关，这样就容易得到双方的共鸣。

作 者 信 息

姓　　名：何可儿　　　　　　单　　位：广州市天河区天英小学

播撒足球精神的种子

行为关键词： 不喜欢踢足球，不想参加足球比赛

运用正面教育理念： 关注问题的解决，而非让孩子付出代价。

运用正面教育工具： 赢得孩子合作的四个步骤。

1. 表达对孩子感受的理解。

2. 要表达对孩子的同情（同理心）。

3. 提出自己的感受。

4. 引导孩子关注如何解决问题。

行为描述

　　小学生处于品德发展的重要阶段，集体意识的培养尤为重要，集体荣誉感是集体主义精神的一种表现，体现了对班级的感情。但部分孩子集体意识淡薄，凡事只从自身出发来考虑，不利于班级活动的开展和班级管理。培养孩子的集体荣誉感，我们作为老师责无旁贷。当我们不用控制的方式去对待孩子，我们的心情就会变得平和而淡定，对孩子永远做到友善、关心与尊重。

六年（4）班的孩子普遍不喜欢踢足球，每次上足球课都是乱糟糟的。孩子们之前在参加班级足球比赛时成绩不理想，甚至打出了"0比8"的败绩，成了全级的笑话，而且每次上场都是以吵架收场。

一年一度的足球比赛又开始了。其他班都是斗志昂扬，人人摩拳擦掌，我班却是无动于衷，体育委员小华连连叫苦："报名人数不够，报的都是踢球技术不好的……老师，我没办法了，他们都不愿意上场！怕丢球，怕丢脸！我不做体育委员了，我太失败了！"她很激动，满脸通红，脸上的泪水清晰可见，因为她已经很努力地组建班级足球队，但同学们的退缩、不支持和不理解，深深地刺痛了她的心。我在一旁静静地听着小华和旁边同学的各自描述。我轻轻拍拍小华的肩膀，给她递了纸巾，平静地说："体育委员，你辛苦了，你很优秀，我们都知道。"她一下子愣住了，情绪慢慢平复了，就跟我手牵手离开了课室，她紧紧抓住我的手，我感觉这是好的开始。本来我可以用强制性的手段完成足球报名的工作，但我知道，生气地批评他们，解决不了问题。此刻我想起了正面教育的基本理念之一："关注问题的解决，而非让孩子付出代价。"这时，我的脑海里浮现正面教育的一个工具：赢得孩子合作的四个步骤。

一是处理问题先处理情绪，首先要表达对孩子感受的理解。我说："小华，我知道班上的孩子没有积极地报名踢足球，让你很不开心、很生气，我理解你的心情。我作为班主任，看到孩子们对集体活动这么冷淡，我也感到很难过。"

小华听到我的肺腑之言，戒备心放下了一点，但仍然挺生气的，红着眼圈说："我真的尽力了，老师，你知道他们都说些什么话吗？都是泄气的话，说我们干脆不要上场了，省得被其他班的同学笑话。"

二是想要赢得孩子的合作，就要表达对孩子的同情（同理心）。让孩子知道老师是站在他那一边的，是爱他的，以此拉近和孩子之间的距离。我说："你平时跟同学的关系挺好的，你也知道他们也很爱四班，我觉得他们这么说，一定是有原因的。我们现在好好想想，应该怎么看待同学们说的问题呢？"

小华说："老师，我们太差了，之前的足球队员都转学了，同学们没有信心，不是真的不爱班集体！老师，你千万不要批评他们，更不要罚他们。我刚才太冲动了！"我知道，小华能立刻理智地分析问题，是需要很大的勇气和智慧的。

三是要告诉孩子老师此时的真实感受，老师的感受也很重要。我说："我也感到很疑惑，很难过。有没有办法解决我班不太爱踢足球的问题？"小华低下头，思考了很久，一股脑儿跟我说了很久很久……

最后，我引导孩子关注于解决问题，采取了以下做法：

（一）攻城先攻心：正面管教班会课

班会上，我们的讨论内容是：我班参加足球比赛存在哪些困难？我们可以怎么做？什么是足球精神？

孩子们一股脑地吐苦水，我在一旁静静地听，没有评价。接着让孩子用爆米花头脑风暴的形式说说我们可以怎么做。慢慢地，整个班的孩子说得越来越多，脸上都开始绽放出笑容。原来，方法比困难多。

接着，我为孩子们把足球的由来和精神娓娓道来：足球精神是一种团队精神，一个团体需要良好的团队精神，团体超强的凝聚力和良好的团队精神就像高高飘扬的旗帜，它召唤着团队的每位成员自觉聚集到旗帜下，为实现团队的共同目标而齐心努力奋斗！慢慢地，孩子开始发现，踢足球踢不好没什么，只要我们团结向上，拧成一股绳，踢足球就会成为班级凝聚力的胶合物。我还举了我班获得"书香班级""红旗班""三星中队"

的例子，让孩子们意识到：踢足球是我班优秀精神面貌的一次宝贵的展示，而成败不重要。

（二）一场打赌：一定要证明给你看

一位小学校长叫皮尔·保罗，他关于"信念"的故事告诉我：给孩子一个信念，他会给你奇迹。"信念值多少钱？信念是不值钱的，它有时候甚至是一个善意的欺骗，然而你一旦坚持下去，它就会迅速升值……"

班上的孩子没有一个在校队训练，不相信自己会进球。怎么办？我除了让他们观摩录像、借助家长义工讲解方法和与其他班切磋练球，还跟他们约定：他们进球，我奖励一份神秘礼物。如果他们没进球，我会得到他们送的礼物。孩子们一听，精神来了，纷纷想赢老师，更刻苦地练基本功，终于在足球赛中先拔头筹，女生进了五球……

（三）一起分享：感觉好，关系好，才能把事做好

比赛后，孩子们都聚在一起分享：比赛中，我们做了什么？有什么感受或收获？分享后，孩子们都把积极的、正面的感受贴在班上的墙上。尽管我班的足球比赛并没有获得任何名次，但这次没有争吵、推诿，更没有吵架和伤心，大家的感受挺好的。男孩子们由于打赌输了，连续几天，都买一杯柠檬茶悄悄放在我的桌面，贴上一张纸：有你，真好！或许，孩子们有点明白了足球的精神和意义，感受到足球比赛的乐趣。

自我反思

德国教育学家第斯多惠说过：教学的艺术在于激励、唤醒和鼓舞。在面对青春期孩子的教育时，家长及老师要去关注不良行为的背后，是孩子怎样的心理需求。只有明白了背后的需求与目的，问题才能迎刃而解。让孩子自己解决问题，比老师生硬地

说教更管用。案例中的事件本身是稀松平常的，班主任老师应该都会遇到学生不热衷于参加集体活动的情况，但这次没有简单地说教或一味地安抚，而是自觉运用正面教育的工具——启发式问题和鼓励的语言，认同孩子的情绪，开展班会引导孩子反思行为。师者，传道授业解惑，我们处理孩子之间发生的事情，处理孩子的情绪问题，其实也是给孩子做示范，让孩子习得处理事情和情绪的方法。

作 者 信 息

姓　　名：林穗怡　　　　单　　位：广州市天河区长湴小学

第二章

师生关系

神奇的"感谢树"

行为关键词：师生关系

运用正面教育理念：孩子感觉好的时候，表现才会好。孩子的首要目的是寻求价值感与归属感。

运用正面教育工具：

1. 掌中大脑——积极的暂停。

2. 从错误中恢复的4个R：承认、责任、道歉、解决。

3. 鼓励的三种语言：描述性语言、感谢性语言、赋能性语言。

行为描述

小诺总是我行我素，对什么都是一副满不在乎的样子，当他做错了事情，老师教育他时，他还老是顶嘴，一脸的不服气。随着年龄的增长，他逐渐向老师的权威发起挑战。跟他的家长沟通，家长也说没办法，苦口婆心去劝导却收效甚微。家长几乎要放弃他了，加上生了二胎，更是没有多少时间、精力用在小诺身上，只希望老师帮忙教育好这个孩子。

情景案例

　　一天，我召开班会，组织同学们围坐成一圈轮流致谢。因为我之前反复强调过，轮到自己时，要大声发言让全班同学都听得到，回应的同学也要响亮地回应，让全体同学都听得到。开始，班会进行得很顺利。可是轮到小诺时，他就是不听，故意作对。当时，有一位同学向他致谢，到他回应时，他却故意把致谢的同学的名字说得很小声很小声。我就提醒他，要大声点，好让全班同学都能听到，他就干脆歪着头闭口不说了。我要他再说一次，他偏不说。局面就僵在那里，我感到非常生气，感到我的权威被挑战了，我立马大声请他到圆圈外面站着。我说："你不能遵守我们的致谢约定，现在请你出去站着，我不想看到你这样没有礼貌的样子！"他也不怕我，不管三七二十一，就赌气地大步走到门外去了。这时，我忽然意识到问题的严重性，知道是自己的情绪失控了，根据"掌中大脑"的理论，现在我的大脑盖子打开了。刚才没控制好自己的情绪，影响了我和小诺的师生关系，这是我的责任，我得想办法补救。虽然我心里急得很，但是我知道要"积极的暂停"，并且努力想办法找机会缓和一下局面。这时，我想到了可以使用"从错误中恢复的4个R"这个工具。

　　我冷静下来，理智恢复，刚刚打开的大脑盖子又合起来了。班会还在继续，其他孩子似乎没有受到什么影响，班会流程正常推进下去。过了一会，到下一个环节，也就是同学们互相写致谢贴纸时，我发现小诺正在门口偷偷地张望呢。我长舒一口气，根据孩子以往的表现，我知道孩子现在的这种举动能说明他还是想要参与班级活动的，他离开了班集体感到孤独，没有归属感了，伙伴们在教室里搞活动，他像是个局外人，心里很失落。于是，我暗暗地给自己鼓气："缓和我俩师生关系的机会来了。"

我趁着同学们上台去贴"感谢树"的空隙，快速走出去温和又小声地问他："小诺，你是不是也想参加大家的活动呢？"他低声且赌气地回答："不想！"他望了我一眼，又继续看着地面。我说："我让你站出来，你心里难受了吧？"他没有出声，头一歪，有些伤心与负气的样子，一看就让人感觉他内心是真的受伤了。这时，一个同学跟过来，把一张空白的便利贴和一支笔递给他，并对他说："小诺，给，你也写一张感谢字条贴上去吧！"只见小诺平静地接住了同学递来的纸和笔，我就顺势扶着他的肩膀带他回到课室去参加活动了。

过了一会儿，等大家都把致谢语贴好后，我当着同学们的面，向小诺道歉，运用"4R"工具修补师生关系。

1. 承认（recognition）：我犯了一个错误。

我说："同学们，刚才我犯了一个错误。"

2. 责任（responsibility）：向孩子客观描述所犯的具体错误。

我继续说道："小诺，我刚才厉声批评你，让你出去，令你难过了。"

3. 道歉（reconciliation）。

"现在我要在这里向小诺道歉。小诺，对不起，我为我发火赶你出去伤了你的心而道歉。对不起！小诺你能接受我的道歉吗？"我的话音刚落，小诺就回答："没关系！"并且也向我道了歉，"对不起吴老师，我刚刚没有遵守我们的致谢约定。"这时，班里响起了热烈的掌声。

4. 解决（resolution）：双方达成一个解决问题的方案。

最后，我想和小诺一起寻找解决办法。我问小诺，为什么不想大声回应呢？他承认刚刚是想跟老师开个玩笑，想跟老师作对，不让班会进行下去。我顺势问道："以后再致谢时怎么办？"他回答要大声发言。

我回头向刚才帮我解围的那个男孩致谢。我问来解围的孩子："你怎么想到去给小诺送便利贴和笔呢？"他回答："我们要主动关心伤心的人。"这一句话，温暖了整个班级，这也是正面教育的作用呀。我相信，小诺也被感动了。

渐渐地，我们的关系好起来了。小诺告诉我，他发现讲台前有一点污渍。我微笑着说："你有什么办法处理它吗？"他想了想，看了看我，然后笑了笑，就连忙掏出纸巾把污渍认真地擦干净。看到这么细心的小诺，我真的很感动。小诺不是不能改变，只要有暖心的话语，只要有信任的眼神，只要给孩子一个主动权，孩子就能改变。

为了达到更好的效果，我马上当着全班同学的面用上"鼓励的三种语言"来肯定小诺："同学们，我刚才看到小诺观察到了地面有污渍，就自己主动找出书包里自带的纸巾，把污渍认认真真地擦干净了。我感到很开心，因为小诺的举动令我们的教室变得洁净了，舒服了。谢谢小诺为我们班做了这件好事！我相信小诺是非常非常爱我们这个班集体的。"

大家随后不由自主地鼓掌表扬他，我看到他当时脸上很开心，接下来的时间他都是信心满满两眼闪闪放光的，他一直在与我眼神交流，很积极主动地投入活动中，一改往日的散漫行为，我也非常享受跟小诺和谐温馨的师生关系。

自我反思

我们知道，孩子的错误行为背后都是为了追求价值感和归属感，只是他们的行为信念有偏差。如果当学生做错事时，我们能给予细心帮助与鼓励的话，他们是能感受到老师对他们的爱与关心的。错误是最好的学习机会。在处理学生问题时，我们老师也会因情绪失控而犯错，如果这时老师能及时觉察并刹车，积极暂停的话，还是会有办法挽救的。我们如果能善于用上"从错误中恢复的4个R"这个神奇的工具，就能一步步让师生关系走向好的结果。同时，我们要在点滴的小事上，用放大镜去看孩子们的发光之处，并及时用上鼓励的三种语言，孩子们就会像植物得到水一样，向阳生长。总之，只有学生感觉好，才会做得好。有了正面教育，我们的师生关系越来越和谐。

作者信息

姓　　名：吴再兰　　　　　　单　　位：广州市天河区冼村小学

我最想感谢的人是班主任

行为关键词：拒绝与老师沟通

运用正面教育理念：先连接，再纠正；关注解决问题的办法。

运用正面教育工具：

1. 掌中大脑——用智慧脑，控制自己的情绪。

2. 与孩子恢复关系的四个步骤（简称"4R"）。

行为描述

　　师生关系是教育教学中一个极其重要的关系，它很多时候主导着教师的教育教学行为成功与否。正所谓"亲其师，信其道"，当孩子接受老师、喜欢老师、信任老师时，教师的许多教育教学行为就很容易被学生理解和接受。反之，学生有可能在老师的课堂上发生不当行为，更甚者会与老师形成对抗关系。作为老师，特别是班主任，我们更应该把工作做到孩子的心里去，在孩子与老师之间建立良好的情感连接。这也是做好班主任工作的基础和前提。

英语课上，我要求孩子们关注PPT上的单词和图片，把操练过的单词齐读两遍。这时，我关注到了坐在教室最后一排的小荣同学，他非但没有跟着大家一起读单词，还趴在桌上写字。之前已经发生过几次他在英语课上写字或画画的事情了。我快步走到小荣同学的跟前，在他还没反应过来的时候，收走了他的本子，并大声说："请你下课后来我的办公室。"接着，我继续上英语课。我很快发现小荣不太对劲了，他看起来像一团被点燃的火，恶狠狠地看着我，眼里噙着倔强的泪水。我心里纳闷：平时上课因为开小差或违反课堂纪律而被我批评的，或者被我收走小玩具小物件的同学也不少，但是反应这么激烈的，我还是第一次遇见。

下了课，我示意小荣跟我一起去办公室，但是小荣没有任何回应，继续在他的座位坐着，一动不动。我来到小荣的座位跟前，问："小荣，能否跟老师去一下办公室？"这时，小荣同学还是一副痛恨我的样子，大吼一句："滚！我再也不想见到你了。"听到这句话，我差点火冒三丈，真想把这个没礼貌的孩子立刻拉去办公室。但我很快意识到，自己的大脑盖子正在被掀开，这些气愤之下的行为根本就解决不了什么问题。

冷静下来的我，立刻感觉到今天这件事情"很不一般"：他的反应这么强烈，会不会事出有因呢？纠正错误之前，我得先和他建立连接才行。这个学期我休完产假回来，刚接手这个班的英语教学工作，同时兼任班主任，我对小荣的印象仅仅是他思维活跃，能言善辩，性格有些倔强。虽然我也经常和他的妈妈沟通他的一些不当行为，但是我对他了解得并不全面。这个孩子，会不会最近发生了什么不顺心的事情？

这时候，上课铃响了，这节课是足球课，孩子们开始排队，准备去操场。小荣也起身，准备去排队。我拉住了小荣的手，他的反应更激烈了：
"不要碰我！"我感觉他把我当成了敌人一样防备。我试着用了一招激将
法："小荣同学，你要是现在不来办公室见我，那以后老师也不会再理你
了。""不理就不理！"他继续气呼呼地往外走。

　　事情挺棘手：孩子已经跟我完全对抗起来了。如果这种对抗继续升
级，想要解决小荣上课不能专心听讲、不投入学习的问题，就更困难了。
此刻我想起了正面教育的基本理念之一："先连接，再纠正；关注解决问
题的办法。"我用温柔而坚定的态度，对小荣说："小荣，你先跟老师过
来，我们去教室，好好地聊一下，好吗？你有什么委屈，都可以跟老师
说，老师一定认真地听。今天是因为你上课不认真，在画画，为了提醒
你，老师才收走了你的本子。其他同学不认真听讲，老师也是一样提醒他
们的，他们都能虚心接受。你的反应这么激烈，可以告诉老师其中的原因
吗？"没想到，他听了我这番话后，更委屈地哭了起来，边哭边说："你
要告诉我妈，你就去告吧。"我突然之间明白了点什么，之前他在学校犯
的错误，包括与同学交往的矛盾、上课不认真听讲等，作为班主任的我，
常常把这些情况如实地一一告知他的妈妈，我与他的妈妈的积极沟通是为
了取得家长的支持，同时让家长也在家里对孩子进行教育，取得更好的教
育效果。如此看来，我用错了方法，这个"告家长"的方式让事情适得其
反。我马上改变策略，对小荣同学承诺："老师向你保证，这一次我绝对
不告诉你的妈妈，但是你可以告诉我其中的原因吗？每次我向你妈妈反映
情况后，她都做了些什么呢？"这时小荣同学哭得更伤心了："我妈妈骂
我打我，撕掉我的本子，还打我的脸，之前她还砸烂我的平板电脑。"

　　我很懊悔，孩子明显是被伤透了心。我得赢回孩子对我的信任。这
时我的脑海里浮现了正面教育的一个工具：从错误中恢复关系的4个R。
第一，认错（recognition），老师（刚刚/之前）犯了一个错误……第
二，担责（responsibility），我不该骂你/吼你/打你……第三，和解

（reconciliation），对不起，当时你是不是很难过？老师向你道歉，你能原谅老师吗？你愿不愿意抱抱老师……第四步，解决（resolution），下一次同样情况，我们可以怎么做？双方协商如何处理才能解决同类问题。

我拉住小荣同学的手："我的好孩子，老师都不知道原来你在家里发生了这么些事情，承受了这么多的委屈。如果我知道你妈妈会这样对你，我绝对不会打电话向她说这些事情。老师之前犯了一个错误，当你在学校出现问题时，就选择第一时间告诉你的妈妈。我不该在没有了解清楚你的家庭情况之前，就进行告状。我保证，以后我再也不随随便便跟你的家长告状了。对不起，当时你是不是很难过？老师想跟你道歉，你能原谅老师吗？"

在运用了恢复关系的前三个"R"（认错、担责、和解）后，事情发生了转机——小荣同学的态度突然之间缓和了下来，那恶狠狠的眼神和敌对的态度消失了。接下来，我运用了第四个"R"："老师刚才已经对你做了保证，那现在你可以跟老师好好讨论一下你上课不专心的事情了吗？如果下次你上课再写字或者画画，你希望老师怎么做呢？"这时，小荣打开了心扉，承认了自己在课堂上写字或画画的行为是不对的，并保证以后在课堂上认真听讲。他也提出了解决方案：如果他再不认真听讲，请老师在课堂上提醒他，并课后到办公室进行反思。

事后，我给小荣的妈妈打了个电话，劝告她在教育孩子的过程中要温和而坚定，不要使用暴力，更不能做出过激的行为。在我的不断肯定和鼓励，以及和小荣的家长不断沟通之下，小荣上课更专注认真了，行为表现也一天天在进步。有一天，语文老师读了一段练习题给我听，是小荣同学写的。"我最想感谢的人是班主任倪老师，因为她耐心地帮助了我。"当时，我的内心无比地欣慰，感谢正面教育的力量，让我找到了教育的正确方向，打开了与孩子和家长顺利沟通的大门。

自我反思

在教育教学的过程中，教师与学生之间难免产生误会。而此时，教师不应该摆出一副居高临下的姿态，这样只会跟学生的心越走越远。正所谓"金无足赤，人无完人"，我们犯下了错误，应勇于敞开心扉，向学生认错，恢复彼此的连接。当教师与学生的连接断开时，正面教育的恢复关系的4R是一个极好的工具——认错、担责、和解、解决。正面教育的理念也提倡：如果老师可以做到从错误中恢复从而增进师生关系，会为孩子树立榜样，错误可以是一次学习和进步的机会。当然，教师的态度首先应当是诚恳的，和善而坚定的。当教师走进了孩子的内心，而孩子打心眼里喜欢老师时，所有教育过程中遇到的难题都不再棘手，在彼此良好的连接中，在不断的沟通下，这些问题终将迎刃而解。

作者信息

姓　　名：倪曼丽　　　　单　　位：广州市天河区泰安小学

神秘失踪的笔

行为关键词：听不进老师的建议

运用正面教育理念：专注于解决方案。

运用正面教育工具：

1. 解决问题的四项建议：

（1）不理会。

（2）以尊重的方式与每一位当事人把问题谈开。

（3）达成双赢的解决方案。

（4）将问题放到班会议程上。

2. 启发式问题：交谈型、激励型。

行为描述

就读于四年级的学生，自我意识逐渐增强。在遇到问题时，容易以自我为中心或变得情绪激动，急于让老师或同学满足其所有需求，听不进老师的建议。这类情况，时常为班级的学习和活动带来挑战。作为老师，应在问题发生时给予同学更多解决问题的引导，帮助其需求得到合理满足，使其在班级感受到更多的归属感。

情景案例

　　上课铃声打响了，当我准备开始上语文课时，小奇突然吼叫，重复着："我的红笔不见了，是哪个××（不文明用语）偷了我的笔？"这时，全班的目光聚焦在了被怒火包围的小奇的身上。我走到他的身边，安慰道："这支笔对你来说很重要，不过可以等课后老师再帮忙问问，让同学帮忙找一找。"这时，生气的小奇，没有听我的建议，而是大声激动地说："一定是有人偷了我的笔，我要把那个偷笔的××找出来。"

　　结合正面教育"解决问题的四项建议"，在尊重当时班级上课的情形下，结合"不理会"的方法，我尊重孩子的感受，告诉他："老师理解你的心情，但是现在需要上课，可以课后请大家帮忙找一找。"但是小奇还是气鼓鼓的，一副不服气的样子。不一会儿，正当我写板书的时候，小奇突然躺到地上去了，双手垫着后脑勺，双脚交叉着，时不时还在地上翻滚着。我利用同学们小组讨论的间隙，走上前去跟他沟通。

　　结合"我句式"的方法，对他说："老师很理解你这个时候的心情，希望我们可以等课后一起处理。"可是，小奇不依不饶地说："我现在就想知道是谁拿了我的笔。"这时，在无法达成一致的情况下，我选择通过"积极的暂停"这种方式，尝试让我们双方都冷静下来，避免冲突。

　　可是，过了一会儿，小奇气冲冲地从地上爬起来，径直从教室后门走了出去。正在上课的同学们，对小奇的突然离开感到意外。结合小奇之前也有因为生气走开，然后又自己回来的情况，我继续上课，静待他冷静之后自己回课室。果然，不一会儿，小奇圆圆的脑袋在前门探了进来。

　　纠正之前，先建立情感连接。我赶紧上前，提醒道："快进来，大家等着你上课呢！"小奇也应了我的邀请，大步回到了位置。通过主动邀请，我让他感受到大家对他的关心，帮助他感受到归属感。这时，我发现他的生气指数比之前下降了许多，只是脸上还是充满了不甘心，势必要马上找回自己的笔，并追查可能拿了笔的人。

为了帮助孩子，我结合"以尊重的方式把问题谈开"的正面教育工具，与孩子一起解决问题。课后，我主动找到小奇，告诉他老师和同学都很理解他的心情，让他感受到大家对他的关心。

看他有些遗憾的样子，我结合"交谈型的启发式问题"，用尊重的语气问在小奇周围聆听的同学："你们觉得可以怎么帮助小奇呢？"从这个问题聊起，帮助小奇在受到尊重和关注的氛围中解决问题。小慧说道："我这里有多的红笔，可以送给你一支呢！"辉辉说道："我也可以送你一支，虽然你不见了笔，但收获了大家的关心，多好呀！"小奇不甘心的情绪缓解了许多。接下来，他逐渐调整好情绪，开始了后面的学习。

第二天，我再次找到他一起讨论解决方案。我结合"激励型的启发式问题"："下次遇到类似的事情，你打算怎么办呢？"他说："虽然生气，也应该先上课，课后请同学和老师帮忙一起找，实在找不到也可以观察一下。"于是，我问他："如果又有东西不见了，怎么办呢？"他说："可以请老师和同学一起想办法，也不需要同学送东西给我。"听了小奇的话，我感到欣慰，冷静下来的他，关注在找东西的解决方法上，而不是任由情绪失控。

考虑到类似的问题，可能在后续还会发生，我进一步寻求班级同学的帮助，帮助孩子在物品丢失时关注物品找回的解决办法，而不是受情绪的影响。在这周的午读小班会时，我们结合"当东西丢失了，该怎么办"和"如何对待他人物品"两个小主题进行了讨论。大家结合3R1H原则（相关、尊重、合理、有帮助），一起头脑风暴，制定出帮助丢失物品的同学寻找失物的解决方案：（1）控制好情绪，课间说出丢失物品的样子，请身边熟悉情况的小伙伴帮忙问一问，一起找；（2）如果因为丢失了物品影响正常的学习，可以找同学帮助，暂时共用同学的物品；（3）如果小伙伴一起找也找不到，可以问一下经常向自己借东西的同学，或是求助得力的班干部，大家一起尽力找；（4）寻求老师的帮助，一起问一问，找一找；（5）如果物品实在找不到，考虑有没有其他的补救办法；（6）如果多次遇到物品丢失的情况，可以一起开班会，大家一起重新思考解决办法。

在对待他人物品的讨论中，我们以"在拾到他人的物品时，该怎么办？"，商量出一致认同的办法：（1）尊重同学的物品，用同理心感受丢失物品同学的心情；（2）不是自己的东西，即使再喜欢，也要及时归还给主人；（3）如果捡到了东西，应该放在班级失物招领处，或是归还给物品的主人。

过了几天，小奇在课间有礼貌地告诉我，发现有个同学的笔和他丢失的那支很像。我感受到他在寻求我的帮助。我陪他一起去确认，同学告诉小奇这支笔是一直自己在用的，小奇立刻相信了同学的话，不再因为笔的神秘失踪而情绪激动。纠正之前先建立情感连接，这次与孩子一起在尊重、充满信任的氛围中关注解决的方案，让孩子在班集体感受到更多的归属感，也让我和孩子一起更淡定地迎接成长中的挑战。

自我反思

当孩子遇到问题时，通过与孩子共情、一起关注问题的解决可以帮助孩子更好地疏导情绪，进而解决问题。结合正面教育的工具——解决问题的四项建议，用同理心感受孩子的需求，引导孩子尝试关注解决问题本身。在与孩子不能达成一致的共识时，可以让双方先冷静下来。等到冷静下来后，寻求他人的帮助，一起商量解决办法。在班集体中，可以寻求班级同学的帮助一起解

决问题。结合 启发式提问，在尊重的氛围中，引导孩子在相互帮

助并提出解决办法的过程中感受到更多的归属感。

作 者 信 息

姓　　名：李庆　　　　　　单　　位：广州市天河区奥体东小学

孩子，老师是爱你的

行为关键词：师生关系

运用正面教育理念：

1. 在纠正之前先建立情感连接。

2. 鼓励解决问题，而不是惩罚。

运用正面教育工具：赢得孩子合作的四个步骤。

1. 表达出对孩子感受的理解。

2. 表达对孩子的同情，而不是宽恕。

3. 告诉孩子你的感受。

4. 让孩子关注如何解决问题。

行为描述

　　小学生进入高年级后由于自主意识增强，容易被外界事物影响而变得敏感多疑，容易因为别人对自己的评价而感到焦虑。当父母或老师批评不当时，学生就不乐意，常常顶撞家长和老师，也会因不喜欢某位老师就不想来学校。作为老师，该思考如何建立情感连接，让学生喜欢学校，并意识到老师们是将他们作为独立个体来关爱的，只有这样，老师才能鼓励和帮助学生去解决问题。

　　一天晚上，我接到小莉妈妈的电话："陈老师，孩子在家又发脾气了。自从孩子爸爸去世后，她和我们一起生活。家人说话大声一些，她就会很抵触且控制不住情绪，说我们骂她，她还说不想在学校看到您，不想去学校了。我很生气，怎么沟通都没用。您能帮帮我吗？"

　　和家长电话沟通后，我的心情久久不能平复。是的，小莉与我之间的关系出现了"裂痕"。这时，我想起了正面教育的基本理念：在纠正之前先建立情感连接，错误是学习的机会。

　　于是，我仔细思考小莉和我断绝了情感连接的原因。六年来，因小莉家庭的特殊情况，我给予了她足够的关爱，而现在小莉却跟妈妈说不想再看到我，这让我很难过。这行为背后的原因是午托时，小莉不守规则，我严厉地提醒她，小莉突然情绪失控，认为老师骂她而大哭。事后，小莉虽向我致歉，但我清楚知道小莉不是真心的。果然，她妈妈的电话让我明白：小莉认为我不喜欢她，她不想来学校了。我必须让她意识到我虽然批评了她不遵守午休纪律的行为，但仍然是关爱她的。

　　第二天早上返校期间下大雨，很多孩子迟到了，小莉是其中之一。当小莉避开我的视线进来时，我关切地问："来的路上，衣服有淋湿吗？别受凉了。"小莉才惊讶地看向我，说："没有，谢谢陈老师！"我感觉到这是我重新建立情感连接的好的开始。

　　第一节语文课上，我提出了一个问题，让人诧异的是小莉居然第一个举手作答。我感觉到此时小莉对我没有敌意，趁此机会让小莉意识到老师是将她作为个体来关爱的。我充分肯定和鼓励了她，并轻轻地拍了拍她的肩膀，示意她课间和我聊聊。她没有拒绝。

　　我和小莉去心理室，她的动作有些抗拒，但还是和我面对面坐下。我说："小莉，老师想和你聊聊心里话，可以吗？"小莉这时坐直了身子，忐忑不安地看着我。我知道，这时我如果直接和她说出现的问题并进行教育引导的话，以她对我产生的抗拒情绪，有可能令我们的关系更恶劣，我得另想办法。这时我的脑海里浮现出正面教育的一个工具：赢得孩子合作的四个步骤。

　　首先，表达出对孩子感受的理解。我说："小莉，老师严厉地提醒了你，你感到很害怕，怕失去我对你的认可，对吗？"小莉沉默地点了点头。

　　"陈老师要表扬你在课堂的积极回应，带动了其他人。"听到这，小莉才把戒心放下。我又说："这让陈老师想起了那个环保讲演比赛排练时优秀的你，那是几年级？""是二年级！"她说。"是的，孩子，你的优秀我一直记得。"我的直白让孩子感受到我对她的关爱。

　　"小莉，我还要谢谢你身为班长认真管理班级。"小莉听了我对她点点滴滴的致谢，很是激动。我知道，在我具体地描述出小莉身上的优点时，孩子和我的情感连接在慢慢修复，她不再抗拒我了。

　　接着，要想赢得孩子合作，我需要表达对孩子的同情。我说："小莉，面对着家庭的变故，我知道你很不开心。让老师没想到的是你处理得很好，老师佩服你的坚强。"说完，我站起来拥抱了她，轻轻地拍了拍她的肩膀。她开始号啕大哭，宣泄着她的情绪。

　　等她的情绪平复后，我又说："当老师知道你选择陪伴和照顾爸爸时，我觉得你是我见过的最善良的孩子。但家里人把很多负面的情绪加在你身上，影响了你的情绪，你很不开心，甚至认为别人大声和你说话都是在骂你，你不知道怎么办。孩子，我想你更坚强一些，你可以充实自己的内心。就像老师一样，遇到不开心的事，你知道我是怎样做的吗？"我在等着小莉向我敞开心扉，寻求或接受我的帮助。

　　小莉抹了抹眼泪，似懂非懂地问："陈老师，你是怎样做的？"我说："我呀？我看书，在书里提升解决问题的能力。当你没办法处理这些负面情绪时，可以多看看书，到书里学习解决问题的方法，老师希望你能够在挫折和逆境中充实自己的内心。我这里有一本书想送给你，当你不开心，或情绪没办法控制时，书籍或许能帮你平静下来。"说着，我把一本精美的历史故事书递给小莉。她露出了笑脸，真挚地说："谢谢陈老师！"

　　这时，我要告诉孩子自己的真实感受——接受不完美。我说："陈老师要和你说声对不起，人无完人，但如果我们能想办法解决问题，事情一定会越来越好。"我知道，想让孩子承认自己的错误，是需要很大的勇气的。因此，我想通过同理心渲染，鼓励孩子去解决问题，让她知道"错误是学习的机会"。

　　小莉诚恳地凝视着我，说："陈老师，对不起！周五那天，我错了，我没控制好自己的情绪，给您添麻烦了，谢谢您包容了我。"听着小莉真挚的反思，我才舒了一口气。

　　最后，我应该让孩子关注如何解决问题。于是，我对她竖起大拇指，并提出希望："小莉，陈老师很高兴，你能承认自己的错误，你做得很好！我同时希望你能在最后的一个月里，开心地享受你的小学生活，能做到吗？"

　　小莉自信地说："陈老师，我能做到！谢谢您！""老师相信你！如果情绪无法控制时，多看看老师给你的书。""好！"说着，小莉双手捧着我给她的那本书，面带笑容地离开了心理室。

　　当天晚上，小莉妈妈向我反馈孩子回家后很开心，向她炫耀了陈老师送她的书，并清洗干净了手，开心地拿着它走进房间看。

　　早上，小莉来到学校，特意在我值日时，面带微笑地和我问好。看着她热情真挚地和我打招呼，我知道她能够意识到老师是支持和关爱她的，她也不再抗拒来学校。

自我反思

　　遇到学生因为被批评而不想来学校的事情，我们需要弄清楚孩子情绪的由来并认同孩子的情绪，在纠正孩子的行为之前先建立情感连接，看到孩子的优点，形成良好的师生关系，并以身示范，引导孩子反思自己的行为，把错误看作学习和成长的机会，让孩子习得处理事情和情绪的方法，相信他们有能力做出改善。

作 者 信 息

姓　　名：陈惠青　　　　　　单　　位：广州市天河区长兴小学

第三章

情绪管理

学做情绪的小主人

行为关键词： 情绪管理——个人突发性

运用正面教育理念： 孩子感觉好的时候，表现才会好。

运用正面教育工具： 赢得孩子合作的四个步骤。

1. 表达出对孩子感受的理解。

2. 表达出对孩子的同情，而不是宽恕。

3. 告诉孩子你的感受。

4. 让孩子关注如何解决问题。

行为描述

　　一年级学生处于幼小衔接的关键期，要适应小学生活并培养良好的秩序和规则意识。一些同学，往往在开学后的一段时间适应不良或者遇到困难不懂得求助，加上沟通、表达能力尚不成熟，很容易带着情绪上学。孩子没有掌握调节情绪的方法就很容易无所适从而掉队，无法融入班集体，没有价值感和归属感，造成心理障碍，影响一生。我们要等一等，给学生时间，帮助学生养成良好习惯，做情绪的主人，尤为重要。

那时我教一年级，当班主任，接触正面教育已有3年。一个周一的早上，我提早来到课室，班上的几个同学围过来跟我分享周末的趣事。我们聊得正开心的时候，只见小捷背着书包，眼睛红红的，眼泪吧嗒吧嗒地掉下来。我赶紧走上前去问他发生了什么事。他不说话，背着书包径直回到座位。我和几个同学一边聊，一边暗中观察他。没过一会儿，"砰"的一声，我们都吓了一跳，原来是小捷突然砸自己的铅笔盒。我赶紧走过去，一边走一边观察，确定他只是砸了铅笔盒，并没有受伤，于是我弯腰捡起他的铅笔盒，小捷又哭了起来，很愤怒，握着拳头。我想：是哪个同学惹怒了他，让他砸了铅笔盒？环视一圈，其他同学连忙摆摆手，示意不是自己惹的祸。

我一边放好他的铅笔盒，一边问："你有没有不舒服？"

小捷没理我，依然瞪眼，还愤怒地紧紧握着拳头。

我没有生气，继续说："你现在看起来很生气，我理解你。生气的时候我也会什么都听不进去。"

小捷的态度开始松动了，似乎要说话，但欲言又止。

我捕捉到这个表情的变化，接着问："刚才铅笔盒没弄到你吧？你可以告诉我发生了什么事吗？"

小捷一边哭，一边很生气地说："早上起来，我没画好数学老师布置的闹钟。妈妈一直在说我，很烦。"我的脑海中浮现了这样的画面：他的妈妈一早起来忙碌地准备好早餐，一边催孩子们赶快吃早餐，一边给他们收拾书包，见小捷没画好闹钟，自然是少不了一顿唠叨的。

知道不是班里的同学激怒他，我心里的石头落了地，接着关心地说：

"当时你一定很着急，对吗？"

小捷抽泣着，没有说话，只是点了点头。

我也很着急，问："那你是不是发脾气，然后没有吃早餐？"

小捷生硬地回答："没有！"

我继续问："如果我没吃早餐，会很饿。你饿不饿？"

小捷有点赌气，说："不饿！"

这时，音乐响起，要排队下楼升旗了。同学们纷纷到课室外排队，但是很配合地没有说他什么，也没有很好奇地看他。

看着同学们在排队，身为班主任的我也是要跟着去的，我内心其实有点着急，换了以前，还没接触正面教育的时候，我可能会让他赶紧去排队。脑海里闪过正面教育的那些理念，我拿定了主意，先征求他的意见："你可以去升旗吗？需不需要在课室调整一下？"

小捷吸了两下鼻子，说："不用。"

我叫住一个同学，问他借了两张纸巾，递给小捷："下课了或者放学了，记得来找我。"他头也不回地走出课室排队了。

过后，我及时向数学老师反映小捷的情况，让数学老师多关注小捷。

放学了，小捷主动来找我。我露出了欣慰的笑容，竖起拇指对他说："我发现你把老师的话放在心里了，谢谢你。接下来你有什么打算？"

小捷脱口而出："中午回去画好。"

我心想：轻诺必寡信，这个小家伙，估计回去又完成不了。接着问他："有没有什么困难？需要我帮忙吗？"

小捷有点为难，小声地说："我不会画圆，所以没画好。"

我笑了："我发现你很诚实，也很会找原因。那怎样才可以画圆？"

小捷略思考片刻，自信地说："用杯子。"

我喜出望外，说："我发现你很会思考，谢谢你愿意告诉我这件事。我相信你下次一定会开动脑筋，按时完成作业的。有不懂的，记得问老师。"

小捷很开心。

我挥挥手，说："那你赶紧回去吃饭。多吃点。"

小捷连蹦带跳地回家了。

看着他的背影，我可以想象到这样的画面：他妈妈一定在忙着给哥哥、姐姐和他做饭，还要忙着照看小弟弟，肯定没有时间监督他补作业。小捷能不能自觉补作业，是个未知数。

下午回来，他第一时间把画好的闹钟交给数学老师，还很开心地跑过来告诉我他补完了作业。这让我感慨万千。我用鼓励式语言肯定了他关心班集体，因为他能及时调整情绪参加集体升旗仪式，并且开动脑筋想到解决问题的办法。我还特别肯定了他做事情有交代——下午还会来告诉老师画好了闹钟。第二天，围绕"生气了应该怎么办"，我们在班上开了个小班会。同学们头脑风暴，说出很多办法，例如，生气的时候要先冷静再说。

从那以后，我更加坚信践行正面教育能让我与学生的沟通事半功倍。是的，孩子感觉好的时候，表现才会好，我更加愿意等一等，给孩子时间，让孩子学做情绪的小主人；我更加明白赢得孩子合作比说教、唠叨、命令更奏效。

自我反思

　　用启发式问题来代替唠叨、说教以及提要求，学生会更容易接受。案例中的事件在低年级很常见，学生经常因为家里的不愉快，把情绪带到学校。老师并没借题发挥，翻旧账批评他，或一味地安抚，而是自觉运用正面教育的工具——解决问题的四个步骤，对孩子的体验表达同情和理解，把爱的讯息传递给孩子，通过启发式问题让学生想出解决问题的方法，而且事后及时指出他在这件事中做得好的地方，通过小班会及时让全班同学都受到教育。

作为老师，我们要抓住每一个教育契机进行教育，把爱的讯息传递给孩子，不要急着下结论或者批评，等一等，给孩子时间，用启发式问题帮助孩子决定该怎样做出弥补，让孩子习得处理事情和情绪的方法。这个突发的小插曲，让学生学会处理自己的情绪，做情绪的小主人，并学会解决问题，凝聚班集体的向心力。

作 者 信 息

姓　　名：罗敏奇　　　　　单　　位：广州市天河区凌塘小学

心里住着小怪兽

行为关键词：暴怒和大哭

运用正面教育理念：关注问题的解决，而非让孩子付出代价。

运用正面教育工具：

1. 积极的暂停。

2. 愤怒与3A：认可（acknowledge），准许（allow），可接受的解决办法（acceptable solution）。

行为描述

二年级的孩子缺乏自我疏导情绪的能力，有些孩子容易因为遇上一些不开心的事情就发脾气，大喊，大闹，大哭，乱扔东西……长期积累这些负面的情绪会影响孩子的身心健康。孩子若不能更好地理解情绪，也会影响孩子更好地融入集体生活。所以引导孩子合理地发泄情绪、解决问题，作为老师责无旁贷。

情景案例

一天课间，我在教室里和孩子们闲聊着趣事，"铃铃铃——"上课铃响了，突然教室里传来一阵哭声。大家循声望去，只见小南双手握拳，泪如雨下，发出"狮吼"声。小南同学一边大哭，一边重复地怒吼："我讨厌上课，我不要再上语文课了！"我和班上的同学一脸茫然地看着小南同学。

我快步上前问道："小南，你看起来很伤心，很生气，发生什么事情了？"小南什么也没有说，还把桌面的东西怒摔到地板上。我了解小南的脾气，现在他还在气头上，要让他先冷静下来，我立刻运用了"积极的暂停"这个工具。

"小南，我知道你现在很生气，我们一起到操场散散步吧？"刹那间小南更大声地怒吼着："我不要出去，我就要在教室！"边说边躲在桌子底下，似乎全身的细胞都在拒绝。

小南不肯离开教室，为了不影响其他同学正常上课，我要想办法引导小南尽快冷静下来。恰好这时数学老师来到了教室，安排了其他同学写口算。其他同学似乎对于小南同学这样情绪失控大哭大闹的情景也司空见惯了，只是静静地写着口算。

我蹲下安抚着小南："没问题，我们留在教室，可是桌底太挤了，怎么办呢？要不我们去教室的'积极暂停区'可以吗？"小南终于放下了戒备，和我一起走了过去。十分钟左右过去了，小南紧握的两个拳头松开了，慢慢地冷静了下来。我知道现在需要一个安静的空间和小南好好聊聊了。接下来，我用了正面教育工具——"愤怒与3A"。

第一步：认可情绪。

我牵着小南来到了办公室："小南，我知道你现在很伤心，看到你这个样子，我也很难过。"突然小南再次泪如雨下，但这是一种释然的哭。我摸了摸小南的头，给他递去了纸巾，帮着小南擦干汗水和泪水。

第二步：准许愤怒。

我需要给点时间和空间让小南合理地释放心中的愤怒，问："小南，我很想知道是什么事情让你这么愤怒，可以跟我说一说吗？"小南小脸憋得通红，时不时大力地跺脚，哭着说："我就是想课间和小隆玩，第一节和第二节课间他都去进行英语演讲集赞了，好不容易等到第三节课间，小隆终于在教室了，可是语文老师又找我们补听写词语，一点都不公平，我都没有玩到，我很生气，我不喜欢上语文课，以后都不要上语文课！"小南越说越激动，我摸了摸他的头，说道："原来是这样，我理解你愤怒的心情，来，擦擦眼泪！"

我再次握起了小南的手，对他说："我小时候碰到过你这样的情况也是很生气。课间就是想要和好朋友玩玩。"小南连连点头，心中的愤怒犹如水库泄洪一般倾泻而出，心中积压的情绪找到了出口，被释放了出来。

　　第三步：可行的方法。

解决了小南的情绪问题，接下来，我开始聚焦如何引导小南去解决问题。我语重心长地问："那刚才第二节语文课的时候，你有没有认真地听写词语呢？"

小南摇了摇头，说："我在画画，不喜欢写字，写字很累！"接下来，我细细地给小南分析道："我们中国的汉字很多是象形字，你有没有发现汉字就像一个个迷宫，你可以把文字想象成一个个迷宫去记忆。另外，小隆是你的好朋友，你们在语文课上不认真听写词语，所以语文老师才在课间找你俩补听写，想让你们共同进步，你们刚才课间还一起比赛谁写得好，对不对？"小南瞪大了眼睛，再次点点头说："是的，但是第三节数学课打铃了，我们都还没写完，游戏也没得玩了！"

我对小南笑了笑，问道："那以后要怎么办呢？"小南清了清嗓子说："我以后还是好好上课，认真完成课堂任务，上课忍住不去找小隆，不能打扰我的好朋友，我们下课再玩！"

我对小南竖起了大拇指，小南耸了耸肩，却红着小脸，问道："我觉得我刚才有点丢脸，我又情绪失控了，同学们会不会不喜欢我了？"

　　我再次牵起小南的手，坚定地看着小南的眼睛，说："我们每个人都会有情绪失控的时候，同学们会理解你的，现在的你已经进步很大了，你一年级的时候每天因为一点点小事就大哭大闹好几回，每次还很久。但是刚刚我看了一下时间，你今天只用了10分钟就冷静下来了。你的好朋友小隆，班上的所有老师、同学都会陪着你一起继续进步的。那我们要怎么做情绪的主人呢？"

　　小南很认真地思考了很久，回答道："尽量不发脾气，下次真的控制不了想要发脾气了，我就来办公室找老师，和老师一起画迷宫。"小南对我会心一笑，刚才课间发生的不愉快也烟消云散。我牵起小南的手说："那我们现在回到教室，你想要和同学们说点什么呢？"

　　小南平静地回到了教室，站在讲台上红着脸说："对不起，我刚才又情绪失控，打扰大家了，我以后会尽量控制好身体里的情绪小怪兽，请大家监督我，谢谢大家！"同学们为小南热烈鼓掌，小南回到了班集体的怀抱，跟同学们一起在知识的海洋中尽情遨游。

自我反思

　　当孩子很激动很生气的时候，我们可以采用"积极的暂停"这种方式，让孩子有时间和空间去释放情绪。如果不问缘由地一顿批评，只会激发更大的矛盾。运用正面教育工具"积极的暂停""愤怒与3A"可以轻松地化解僵局，认可孩子的情绪，让孩子觉得是在帮助他解决问题，允许愤怒，引导孩子一步一步合理地发泄情绪，不积压情绪，运用启发式提问让孩子自己解决问题，同时用亲切的身体语言与孩子产生情感连接，包容孩子在成长路途上的错误，再一步步引导孩子什么是可行的方法，让孩子习得处理事情和情绪的方法。这样，我们才能赢得孩子，不是赢了孩子，以人为本，赋能"心"开始，达成双向奔赴的"爱"。教育的道路上没有一蹴而就，最好的方法就是和善而坚定地静待花开！

作 者 信 息

姓　　名：谢秋裕　　　　　单　　位：岭南中英文学校

我们的约定

行为关键词：一生闷气就躲起来

运用正面教育理念：选择是共享权力的细小步骤。

运用正面教育工具：有限的选择。

行为描述

随着二胎时代的到来，若家里出现一个新生命，父母关注的目光、温暖的怀抱也会渐渐转移到那个新生命的身上，原本享受着众星捧月般待遇的老大便会逐渐受到冷落，会产生极大的心理落差。在接下来和弟弟妹妹的相处中，也难免会产生矛盾。不少父母考虑到年幼的孩子需要得到更多的关注、包容，使得老大一次次受委屈，不禁开始怀疑是不是爸爸妈妈不爱自己了，从而变得缺乏安全感、归属感，容易通过一些挑战规则的行为引起父母关注。因此，需要老师和家长一起携手，给予孩子足够的安全感，帮助孩子解决当下的问题，并给孩子注入无限的动力，让孩子获得持续性的进步和成长。

情景案例

刚刚走上班主任的工作岗位，班上就有这样一个让我一度为之心力交瘩的孩子，暂且就叫他小东吧。小东不愿写作业，也不愿上学，每天都要经过妈妈一遍又一遍苦口婆心的反复哄劝，才不情不愿、磨磨蹭蹭地来到教室，那会儿同学们已经开始上第二节课了。一旦和同学发生矛盾，他就生闷气，躲起来。每每此时，老师们就只好满校园地去找他。

面对这样的情况，我也会一而再，再而三地找小东谈话、引导并提醒他，甚至私下找了几个可能和他产生矛盾的同学交流，请他们给小东多一点包容、忍让。可是，这样的做法不仅没有收获任何成效，反而因为老师、同学的一再忍让，小东越发地变本加厉，甚至会用发怒、逃跑的方式来威胁老师和家长。

经过和小东父母的深入交流，我了解到小东生活在二胎家庭。伴随着小妹妹那一声嘹亮的啼哭，父母关注的目光、温暖的怀抱也渐渐转移到了新生命的身上。小东一下子感觉被冷落了，很没有安全感，也不懂如何与同学交流，甚至觉得教室也是不安全的。了解到小东的内心世界后，我搭着他的肩膀，亲切地问道："小东，你愿意在一个你觉得最舒服的地方和李老师聊一聊吗？"于是，他选择了美丽而又温馨的心理辅导室。我通过举例子、讲故事的方式，让他慢慢明白同学和老师的提醒其实也是善意的帮助，是希望他能够成长得更加优秀，让他感受到老师、同学都很喜欢他，和四十多个小伙伴在教室里一起学习、一起游戏也是很安全、很开心的。"当然，既然是这么多人一起相处，就不可避免地会有一些矛盾，这是再正常不过的事了。"听到这儿，小东满脸惊奇地抬起头问我："和同学吵架了也是正常的吗？"我看着他，点了点头说："像吃饭一样正常。"他笑了。我顺着他的问题往下说："只要有人的地方就少不了矛盾，解决矛盾的方法有很多很多，不过，躲起来是笨方法，你还能想到什么更好的方法，让一直很爱你的老师和同学不用再担心吗？"就这样，我不断地强化同学、老师其实都很关心他、喜欢他、需要他，教室是一个很安全、很舒适、很温暖的地方，所以他可以准时到学校，给同学带来更多的帮助。一番推心置腹的谈话填补了他的不安，唤起他的价值感后，小东和我约定第二天会准时来到学校。

第二天早上，我比以往更早地来到教室。因为如果有什么奇迹，我想亲眼见证。正当我弯下身检查一个孩子的预习和笔记时，背后有一只小手轻轻地拍了拍我。我回头一看，果真是小东。他冲我笑了笑，轻轻地说一声："李老师，我到了。"还没等我说点什么，他就走到座位上坐下了。自此之后的每一天，在清晨的第一道铃声打响之前，小东已捧起书本，安静地坐在了课桌前。

初次尝试，竟然尝到了这么大的甜头，这让我深感欣喜，也让我对正面教育有了更多的信任和期待。于是，我乘胜追击，针对小东生气后躲起来的做法给予他有限的选择："小东，如果你和同学们发生了矛盾，你有两个选择：一是来办公室找李老师，李老师很愿意当你的树洞；二是选择一个让你觉得很舒服的地方，一个人静一静，但一定要告诉老师你去了哪里。"看小东有点迟疑，离鼓起勇气、下定决心好像还差一步，我伸出双手扶着他的肩膀，注视着他的眼睛，和善而坚定地说："不和任何人打招呼就跑开躲起来不是一个好的选择。"明白了不能再退缩之后，我又重复了一遍那两个选择，并在后面加上一句"你自己决定"，小东终于点了点头。

一个星期后，小东在打汤时和同学发生了矛盾，这一次，是他主动找到我说："李老师，我心情不好，我想一个人到羽毛球场旁边的图书角静一静，可以吗？"我答应了他。大概20分钟后，他回来了，和我说："李老师，谢谢你，我感觉好多了。"我也赶紧趁机鼓励他能够遵守约定，是一个值得信任的朋友。渐渐地，小东生气的次数越来越少，得到的鼓励越来越多，和同学的相处也越来越愉快。从这之后的两个月的时间里，他只提出过一次想要一个人静一静的请求。与此同时，他的学习态度也越来越认真，参加班级活动也越来越积极。他像一块拂去沙尘的金子，渐渐开始发出光来。

　　无限的安全感，是打开心门的钥匙；有限的选择，带来无限的惊喜；持续的鼓励，带来不竭的动力。给孩子提供有限的选择，尤其在选择后面加上一句：你自己决定。既能让孩子感觉到被尊重，有自主权，又能让他处于规则意识中。孩子自然而然地就能更容易地做出选择，更乐意地遵守约定。当孩子开始接受并且遵守约定的时候，别忘了给予孩子及时、持久的鼓励，哪怕是一句话语、一个眼神、一个动作、一张纸条，都能够化作一股动力，支持孩子持续地遵守约定，成为更好的自己。

作 者 信 息

姓　　名：李婷　　　　单　　位：广州市天河区天府路小学

"你冤枉我了！"

行为关键词：突然大哭大闹

运用正面教育理念：错误是最好的学习机会。

运用正面教育工具：赢得孩子合作的四个步骤。

1. 表达出对孩子感受的理解。
2. 表达出对孩子的同情，而不是宽恕。
3. 告诉孩子你的感受。
4. 让孩子关注如何解决问题。

行为描述

　　小学生处于性格发展的重要阶段，行为易出现偏差和反复，情感容易冲动，性情浮躁，处事不计后果。小桐课堂上踢人，与老师顶嘴，大哭大闹，站在自己角度上思考问题，是老师眼中的"急性子"。作为老师应该坚持和善而坚定的原则，在应对儿童问题行为时，以尊重和鼓励为基础，以帮助儿童建立价值感和归属感为关键，以培育儿童形成良好品德所需能力为目的，停止外力干预，引导孩子在错误中自主学习和进步，审视情绪反应，提供针对性帮助。

情景案例

　　一天，我班的学生小桐在科学课的课堂上踢人，科学老师指责了他，他竟歇斯底里地大哭大闹："你冤枉我！你就是冤枉我了！"一边哭喊还一边挥动双臂，拒不认错。闻讯赶来的我先是安抚科学老师继续上课，接着又将小桐带去办公室。小桐是独生子，平时父母对他非常娇惯，过着"衣来伸手，饭来张口"的生活，久而久之变得骄纵：对谁都不服，做错事也绝不认错，贪玩，课堂上经常无心听讲，要么东倒西歪地坐着，要么干扰他人。我知道，用"尊敬老师，感恩老师"的大道理来教导他，他不仅完全听不进去，反而会惹恼他，所以我不得不改变我们之间的情感沟通方式，力求在尊重与平等的前提下，和善而坚定地帮助小桐，一步步引导他平复情绪，正视问题，改正错误。

一、认同、尊重孩子的感受

　　办公室内，小桐站在我面前，时而耸耸肩，时而变换着站姿，眼神却不看我，恼怒地扭着脖子看向窗外。"老师冤枉你了，是吧？"我轻抚着他的双肩，手拉他坐在凳子上，看着他的眼神轻声地问道。

　　"她冤枉我了！是小亮先踢我的，她成绩好，老师不批评小亮，只批评我！"小桐大声叫嚷。

　　"发生了这样的事情，老师也很伤心。我可以帮到你吗？"

　　他不说话。

　　"能告诉我事情的详细经过吗？"我用启发式的问题问道。

　　我的三个问题让小桐体会到我对他的理解，他的情绪慢慢平复，终于敞开了心扉。原来，科学课上到一半，小桐忽然觉得有东西在轻触他的脚，低头一看，是后排的小亮把脚伸到他的凳子下，还在继续踹他的脚，小桐更愤怒了，认为她是故意的，扭过身踢她的脚，正好被科学老师看见。老师严厉批评小桐打扰同学听课，小桐则生气地指责老师偏袒小亮；老师坚持说没看见小亮踢小桐，认定小桐在欺负小亮，小桐怒气勃发，认定老师冤枉他了。

二、接纳孩子的情感

我认真倾听了小桐讲述事情的经过后，试着接纳他的情感并发现他的需求："老师说你欺负小亮，让你很愤怒吧？因为你觉得自己没有欺负她。"小桐点头表示同意，不再咄咄逼人地叫嚷。

"可老师为什么只批评你，不批评小亮呢？真是因为小亮成绩更好吗？"我假装不解地问。

小桐刚说出"是"，又想了一会儿，说："小亮的脚在凳子下面，动作小，科学老师可能没看见，只看见我回头踢小亮，所以只批评了我……"

我立即表示同意："你是个会分析问题的孩子！"稍做停顿，我又轻声问："你觉得小亮是故意踢你的吗？她平时跟别人闹过矛盾没有？"在同学们眼中，小亮是个十分自律的乖巧女孩，上课专心听讲，说话细声细语，懂得宽容、谦让，从没跟谁起冲突。

"可能……不是故意的吧！我……我没看见她跟谁吵过架。"小桐低声说。

我按照小桐的描述重述事件经过，并再次赞扬他："你是个会思考、有想法的孩子，找到了事情的根源。"

听到了我的肯定和夸奖，小桐很不好意思地低着头说："我……做得也不对，不该在课堂上跟老师大吵大闹。"

此刻，小桐感觉自己的情感得到接纳，需求得到满足，同时也被尊重认可，不良情绪彻底平复下来，开始理性地思考问题，从内心深处真正意识到自己的错误。

三、换位思考、体验感受

为帮助小桐开拓认知思维和内在体验，我又引导他换位思考："假如你是老师，正在全神贯注、绘声绘色地上课，却忽然发现某个学生不认真听讲，扭过身子使劲踢别人，你内心会怎么想呢？"

小桐很快回答道："那我会很生气。"这时，他开始感受到科学老师的愤怒。

"能具体说说你对这件事的感受吗？"

小桐低下头，用脚轻轻地踢着地面，笑了，然后很不好意思地说："我……我不该在课堂上踢小亮，更不该……和老师吵闹，影响同学们上课，不该给班级造成坏的影响……"

我竖起大拇指第三次赞扬小桐："勇于承认错误，是个好孩子！承认错误，是改正错误的前提！"

其实，在教育孩子的过程中，我们不仅要接纳孩子的情绪，还要引导他们恰当地表达情绪。这既是走入孩子心灵、帮助孩子管理情绪的重要途径，又是指导孩子纠正不良行为的最好方式之一。

四、关注如何解决问题

正面教育告诉我们，当孩子认识到自己的过错并承担行为后果时，我们还要与孩子共情，进行安慰和鼓励。

接着，我又问："从今天这件事中你学到了什么呢？"他态度诚恳地说："我以后上课要认真听讲，如果小亮再把脚伸到我的凳子下，我就暂时原谅她，下课提醒她；不乱发脾气，遇到事情下课找老师解决。"

小桐还主动要求在全班同学面前向科学老师和小亮道歉。他的真诚道歉赢得了大家的谅解——科学老师表示自己太过急躁，小亮承认自己坐姿不端正。

自我反思

　　让学生学会独立思考，必须学会"倾听"。学生做错事时，我们往往会急着告诉他们做错了什么，是什么原因导致的以及应该怎么做，这阻碍了学生提升自身的智慧、判断能力、考虑后果的能力以及负责任的意识。案例中的事件是稀松平常的，作为班主任应该都会遇到学生之间被冤枉、怀疑的事情，但是我并没有简单地盲目定性，惩罚了事，而是深入其中，了解原因，运用正面教育的工具——解决问题的四个步骤，认同孩子的情绪，引导孩子反思行为，给孩子提供针对性的帮助，让孩子主动选择解决问题的方法，在错误中自主学习和进步。作为老师，应传道授业解惑，坚持和善而坚定的原则，给全班学生做示范，让孩子们习得处理事情和情绪管理的方法。

作 者 信 息

姓　　名：巢芳腾　　　　单　　位：广州市天河区中海康城小学

情绪的"开关"，用爱来调控

行为关键词：情绪失控

运用正面教育理念：关注问题的解决，而非让孩子付出代价。

运用正面教育工具：

1. 积极的暂停。

2. 赢得孩子合作的四个步骤：

（1）表达出对孩子感受的理解。

（2）表达出对孩子的同情，而不是宽恕。

（3）告诉孩子你的感受。

（4）让孩子关注如何解决问题。

行为描述

　　小学生处于情感认知建构的重要阶段，易产生情绪波动。有的学生情绪分析能力尚不完善，在面对家长、老师的建议或批评时，无法控制自己的情绪，会出现激动和大声对抗的行为。长此以往，会影响学生的身心健康发展和友好人际交往。控制情绪是规范自身行为的必要方式，作为老师应该引导孩子用正确的方式调控情绪的"开关"。

　　有一次，我上课没多久，小美已经明显打扰到其他同学好几次了。我问小美："你为什么要打扰其他同学？别人已经没办法听课了。"小美站立默然不语，鼓起嘴巴，用眼神斜视着我。我说："这种事情已经发生好几次了，下课后我想请你到办公室去聊聊。"小美突然激动地大声说："我不！"我对眼前发生的事情感到诧异，但全班都在等待课堂继续进行，我只能说："请你安静，坐回座位，稍后我们再聊这件事。"小美反复大声说了好几次："我不要！"一次比一次声音高。

　　察觉到她的情绪越发激动，我只能把自己的声音放轻柔，脸上挂着笑容靠近她，让她冷静一下。但没想到，我刚走近，她就好像被触碰到了开关，一下子弹跳开，跑到走廊的另一头了，还从转角探头往回看。我紧跟几步，发现她已经跑没影了。交代好班干部之后，我赶紧下去找她。我在学校里找了一圈儿没影，再回教室发现她已经站在隔壁班门口了。我想让她自己冷静一会儿，于是未直接叫她，看到她在我视野里，我暂时放心地回教室上课了。此时，她却打开了走廊的教室窗户，用窗帘"打"同学的头，干扰教室内的学生。我请同学们关上窗后，她开始猛烈地敲打窗户、踢门。我既要安抚班内学生，又要时刻盯着窗外，防止小美做出不可预料的行为。

　　面对此时的小美，生气、批评显然解决不了问题，甚至会引发她进一步的对抗情绪，让事情变得更糟糕。我想起了正面教育的基本理念："关注问题的解决，而非让孩子付出代价。"我快速调节情绪，跳出具体场景和环境，以局外人的角度看待问题，运用正面教育的两个工具"积极的暂停"和"赢得孩子合作的四个步骤"，开启了下面的对话：

首先，我运用了"积极的暂停"这一工具。当冲突发生时，大人和孩子因过于愤怒，无法给予或接受鼓励。此时要给孩子一个短暂的间歇机会，等他们感觉好起来之后，再尝试解决问题。于是，我先友善地将小美带到班级的图书角，拿出小美经常翻阅的《小老鼠和大鲸鱼》。我把书递给了她，并说："我们刚才心情都不太好，没办法再讨论这个问题。请你先坐下看看书，我们在冷静下来后再讨论，可以吗？"小美沉默了一会儿，接过了图书，点了点头，开始坐下静静翻看。

过了一会儿，我在小美开始抬头"偷"看我时，觉得她的情绪已经平复了下来，便把她带到办公室。然后，我采用了"赢得孩子合作的四个步骤"中的第一步"表达出对孩子感受的理解"。我问："小美，刚才你的声音突然提高了，情绪变得很激动，是因为在全班面前被老师批评，让你感觉很害怕，很不安，是吗？"小美迟疑着点了点头，抿了抿嘴。

之后，我采用第二步"表达对孩子的同理心"。和孩子进行深入的交流，让孩子知道老师不是敌对者，而是她可以信任的对象，从而产生情感连接。我问："在全班面前，被老师这样要求和批评，的确会很不舒服，如果换作小时候的我，可能还没有你这样的勇气，鼻涕眼泪早就一起流下来了。"小美破涕为笑，用亮晶晶的小眼睛看着我。看到她笑了，我紧绷着的心也放松下来了。

接着，我采用了第三步"告诉孩子我的感受"。作为产生连接的其中一头，我的感受也很重要。我拉起了小美的手，轻声说道："刚才其实我也很难过，你一直说喜欢上我的课，可在上课时没有听，还打扰了其他小朋友，对不对？"小美点了点头。我又说："老师提醒了你好几次，还跑了好大一圈找你，心吓得都要跳出来了。"小美有点不好意思地低下了头。

最后，我采用了第四步"让孩子关注如何解决问题"。人都需要在充满爱的环境中成长，儿童更需要父母和老师倾注"无限"的爱，才能充满安全感。我问小美最近在家怎么样，在学校有什么有趣的事情想和我分享。小美断断续续跟我说了很多，我认真倾听了她的想法……表达完，小美变得平和了许多。我用友善而坚定的态度问："通过对话，我更了解你了，也知道你是一个聪明可爱的小朋友。请你仔细思考一下，刚才你是否对他人产生了干扰？你做出的行为是正确的吗？"小美看着我的眼睛说："不正确。对不起，老师，我错了。"我说："如果再遇到类似的情况，我们可以先想想老师为什么提醒你，给你建议，先不要激动。尝试努力控制自己的情绪，给自己一个空间，让情绪先暂停一下，然后思考自己应该怎么做。"小美若有所思地点点头，表达了她的赞同。我紧接着又问："如果下次情绪小怪兽又出现了，你会怎么办呢？还会做出今天的这些行为吗？"小美坚定地摇摇头，笑着说："老师，我明白了，谢谢您。下次我会先到图书角看看书，转移注意力，像今天一样，看一会儿先冷静下来。我会努力尝试控制自己的情绪，不要太激动。"听着她喃喃小语，我感受到她从最初的对抗行为转变成了接纳行为，很是感动，觉得跟她的沟通是有作用、有成效的。

这个过程，让我更加明白了应该用爱和合理的方式来调控孩子情绪的"开关"，也让我深刻理解了正面教育的巨大力量！

自我反思

面对小美的失控情绪，我并没有无视她或把她当作"坏孩子"，而是用正面教育的工具——"积极的暂停"和"解决问题的四个步骤"，让孩子情绪平复以后，认真倾听孩子的心里话，认同孩子的情绪，用爱包围孩子，引导孩子反思行为。作为老师，我们可以帮助孩子解决自身的问题，更应该让孩子掌握解决问题的方法，真正做到用爱去调控孩子情绪的"开关"。

作 者 信 息

姓　　名：刘依铭　　　　　单　　位：广州市天河区华阳小学

一触即发的小火山

行为关键词： 个人突发性情绪失控

运用正面教育理念：

1. 纠正行为之前先建立连接。

2. 关注问题解决，而非让孩子付出代价。

3. 犯错误是学习的好时机。

运用正面教育工具：

1. 掌中大脑。

2. 选择轮。

3. 积极的暂停。

行为描述

　　大道理人人都懂，可小情绪却时常难以控制。作为成年人都很难控制好情绪，如果我们期待着小学生能够很好地控制自己的情绪，实在是强人所难了。因为管理我们情绪的前额叶皮层，要等到25岁左右才能发育完善。

　　下述案例的问题由现实因素激发，是人际关系冲突引发的情绪问题。主要表现为与同学发生冲突时，缺乏有效的沟通技巧去处理问题，积压大量的愤怒情绪，通过哭闹或者暴走进行宣泄。

"郑老师，小熙不见了。我们在上美术课，他突然大哭大喊，然后就冲出教室不见了。"接完科任老师的电话，我赶紧放下手中的工作，去厕所找这个"失踪"的孩子，我知道小熙每次哭闹后都会躲在厕所里。果然，一到厕所门口，就看到了瘫软在地上的小熙，像一头愤怒的狮子，奋力地咆哮。我走过去，用纸巾给他擦眼泪，又伸手把他从地上拉起来，半抱半拽地把他带回了办公室，小熙的安全暂时得到了保证。

趁着这时，我向他了解了一下事情的经过。原来，小熙在美术室画画的时候，一名同学不小心把颜料滴在他的画纸上，一下子点燃了他的怒火；他愤怒地要求对方道歉，对方却不当回事；这时美术老师发现他上课说话，又批评了他……他越想越生气，越想越委屈，就崩溃大哭，冲出课室。

这不是小熙第一次情绪失控。上一次是在体育节彩排仪式上，当天太阳比较猛烈，他在候场时就因为觉得太热了而崩溃得跑出队伍，大哭大喊："我不要参加体育节表演了。"后来老师去安抚他许久，他才暂且控制住情绪，回到集体中参与表演。演出结束后回教室的路上，排后面的同学走太快不小心撞到他，他觉得别人是故意的，又狠狠踩了同学的脚，之后同学又踢了他的脚还击，他又一次情绪大爆发，倒在地上哭诉着："大家都欺负我。"

不到一个月，连续发生类似的事情，孩子的情绪管理明显出现问题。但此时小熙正在气头上，不论我说什么，他都很难听进去。最重要的是让他情绪先平复下来，于是我问他："郑老师很理解你现在的委屈和愤怒，你觉得你去'快乐角'待一会能不能舒服些？"小熙点了点头。大概过了十几分钟，他主动告诉我心情已经平复了。

我借机鼓励他道："这么快就平静心情，说明你调整情绪的能力真强！郑老师为你骄傲！"然而他却对我说："郑老师，你不会觉得我很讨厌吗？我总是哭，我妈妈就说我很烦很讨厌！"那一刻，我突然明白了，身边这个"看似"乖巧的孩子，为何会一瞬间变成情绪失控的"怪兽"。

作为老师，我知道我的责任是接受孩子的感受，并帮助他正确理解和表达出来。于是我对他说："每个人都会产生各种情绪，是我们大脑的自然反应，所以每种情绪都应该被接纳。但积极情绪能促进我们身体健康成长，消极情绪却会让我们的学习、生活、友谊变得糟糕哦！所以我们要学会管理和调适情绪。你总是生气和哭闹，其实自己也感觉很难受的，对吧？"小熙眼神一亮，他的眼底流淌着被共情的激动。

一个学生在伤心、生气或害怕时，也是他最需要老师的时候。认同孩子的情绪时，我们也要教会孩子如何安慰自己，这种能力将让他一生受益。我告诉他："我们的大脑就像我们手上的拳头，我们的大拇指就是那只情绪小怪兽，而我们的四个手指就是抓住情绪小怪兽的大脑中的盖子。如果我们大哭大闹，很可能是情绪小怪兽跑出来了，大脑的盖子被打开了，那我们应该怎么办呢？"

"当然是把大脑的盖子关上。"可是怎么关上呢？他很苦恼又无措。首先，教会孩子真诚地去表达自己的情绪，我用到正面教育的一个工具——选择轮。我告诉小熙："当我们的情绪盒子打开之后，我们要给自己一个积极的暂停，让盒子关上，就像刚刚你去'快乐角'让自己平静。此外还有很多方式哦，我们一起想想吧！"然后，我与小熙一起开展头脑风暴，给自己很多表达情绪的选项。当生气发怒的时候，小熙就可以转动选择轮，选择一个可以让自己的情绪好起来的方式去尝试一下。

接着，我邀请小熙制作了一张自己的"情绪管理工具单"，写下"当我（情绪）的时候，我会（健康的情绪管理方法）"，并将"工具单"贴在课桌显眼的地方，或是带在身边。因为小熙其实并非不清楚应该用哪些方法来进行情绪管理，只是在情绪激烈的时候，会忽然忘了该怎么做。

最后，我送给他一本绘本《杰瑞的冷静太空》，与他击掌并鼓励他："加油呀，下次你一定能成为情绪小主人的！"

在之后几个月的观察中，小熙刚开始还是会偶尔发脾气，但情绪不会像以前一样严重失控了。慢慢地，他发脾气的次数越来越少，下课了经常和同学有说有笑，每次遇到老师也有礼貌地打招呼。小熙的父母反馈："孩子更阳光自信了，回家也没有把自己关在房间里不出来，还经常跟父母谈起学校的趣事，家里的氛围比以前好很多了。"

自我反思

学生的情绪失控问题是有根源可寻的。很多时候，我们以为对孩子的情绪表示理解和认同，他们就能平静下来，但小学生缺乏良好的情绪管理能力，所以仅仅认同情绪还不够。等孩子情绪缓和下来，还要引导孩子调整认知，帮助孩子建立良好的情绪控制能力。正面教育中积极的暂停就是很好的平复情绪的方式，同时选择轮、情绪管理工具单也是有效的工具，绘本能通过故事情节和场景引导孩子们更容易地理解情绪，并学会如何更好地处理情绪。如此，如小熙这样的孩子，就能掌握调适情绪的三步骤——觉察、接纳和管理，逐渐学会自我情绪疗愈，成长为一个情绪稳定的人。

作者信息

姓　名：郑丹丹　　　　单　位：广州市天河区天英小学

第四章

班级生活

成长，"你来决定"

行为关键词：破坏规则

运用正面教育理念：给孩子自主选择的机会，同时帮助孩子树立规则感。

运用正面教育工具：有限的选择，选择是共享权力的细小步骤。

1. 在规则的前提下给出有限的选择。
2. 和善而坚定地重复有限的选择。
3. 赋予自主权，加上"你来决定"。

行为描述

刚进入小学校园的一年级学生，对学校的规则还处于了解和适应的阶段。每节课40分钟的课堂，大部分孩子是可以慢慢适应和融入正常的学习生活中的。但有一些孩子坐不住，甚至表现出"扰乱课堂秩序""不肯上学"等行为。培养学生适应和遵守规则的意识是一年级的必备功课，老师也需要找到合适的方法，才能帮助学生顺利度过幼小衔接的阶段。

情景案例

今年九月份，我又迎来了一批一年级的小朋友。大部分孩子带着对小学的种种好奇想要来探索这个学校的秘密，然而，也有一名学生，无法融入规则意识强烈和时间管理比较分明的小学生活。

小元同学每天都是在哭闹中进校园的，强烈地表现出"不喜欢上学""不愿意进教室""不愿意听课"等情绪，科任老师经常反映孩子不进教室上课，在校园里玩耍游荡，需要老师到处去找他。作为副班主任，我也及时对小元进行劝说和教育，告诉他小学和幼儿园的不同，向他解释关于成长中的规则需要如何遵守等。但是我慢慢地发现这些劝说没有起到很大用处，相反，小元觉得老师都需要哄着他，追着他，反而变本加厉，随意破坏规则的频率更高，有时候甚至会用逃跑的方式来威胁老师。这时，我想起了学校正面教育导师队伍分享学习的52个工具卡。

"正面教育"工具卡里面提到了"有限的选择"，我认真读了这个工具的概念。小元因为不想上学，而选择逃跑、离开教室等做法，但这些明显不是好的选择，对于他适应校园没有帮助。所以，给予他一些有限的但是自主的选择，或许能够帮助小元改正不良行为与改善情绪问题。

选择是共享权力的细小步骤。孩子总是希望自己可以做主，决定自己的事情，但是生活总需要规则，而有限的选择就是既给了孩子自主选择的机会又帮助孩子树立规则感的有效法宝。我们在规则的前提下给出可操作性的选择，并赋予孩子自主权，加上"你来决定"。孩子觉得自己有主动权，自己可以决定做什么时，配合我们的可能性会大大地提升。我太喜欢这个工具了，决定马上应用起来！

首先，我和小元父母深入了解了孩子的个性特点以及幼儿园的生活习惯。小元是独生子，家里四个大人宠着，上幼儿园就有分离焦虑症，大概有一个学期一直哭闹。在幼儿园期间，由于学业不紧张，所以当他闹脾气的时候老人家就会宠着说：那就不去学校了。所以孩子才会用逃离教室这个选择，这是他不喜欢上小学的第一个反抗行为。

了解完这些情况以后，我找来了小元，带着他在小学校园里走了一遍又一遍，告诉他各个场所及功能室的名称和作用。然后我问他：最喜欢哪个地方？他选择了操场和图书馆。操场上的游乐场所是他逃离时最喜欢的地方，图书馆他还没来过，只见他一进图书馆就拿起一本书看了起来。

顺水推舟，我和小元一同制定有限的选择。我先共情地说："我知道，你的家里肯定很好玩。但是现在你对学校有了了解，是不是觉得学校也有很多有趣的地方呢？作为一名小学生，我们需要到学校上学，你有两个选择：操场游乐区或者图书馆。每天回校之后，你可以选择在这两个地方逗留十分钟，我会陪着你，你可以自己决定去哪里。"他一听，立刻来了精神。第二天，神采飞扬的小元哼着小曲儿，欢快地进入校园，并告诉我，今天早上他要先去滑滑梯再进班级。就这样，由他自己选择的地点，留下了他的欢笑声，也带走了他对学校的抵触，慢慢地，他不再抗拒上学这件事情了。

当我看到第一个有限的选择收到成效时，立刻开启第二轮选择以解决小元不愿意进教室听课的问题。当小元表现出越来越喜欢回学校时，我也和善而坚定地告知他学校的作息时间、要求等规则。上课铃声响时，小朋友们是需要回到教室学习的。逃跑不是一个选择。他是一个比较亲近妈妈的孩子，所以我给予他两个选择：（1）在上课之前征求同学的意见，选择一个他喜欢的同桌；（2）下课后可以给妈妈打电话，说说课堂的所见所闻。第一次尝试，铃声响时他还在走廊徘徊，但是由于他已经不抗拒学校这个大环境了，所以他还是会很不情愿地进教室。他选择了和妈妈打电话。当听到妈妈对他的肯定及鼓励时，他的开心溢于言表，下一节课他进教室的时间又提前了一些。就这样过了三天，他已经习惯一听到上课铃声就进教室。他已经渐渐地遗忘逃跑那个不合适的选择。当他习惯了学校的作息时间之后，也不需要妈妈的"安慰"了，完全融入校园生活中。

自我反思

在此案例中，帮助小元同学学习和适应规则非常重要，传统的说教效果不佳。此次运用正面教育这个工具卡，既不惩罚也不娇纵，给孩子提供有限的选择，并和善而坚定地重复有限的选择，在选择后面加上一句"你自己决定"，既让孩子感觉被尊重，有自主权，但又处于规则意识中，这样的选择是与责任直接相关的，是树立正确规则意识的一个好办法。孩子年龄小，所以他的选择是有限的，他所能承担的责任也小。"你来决定"带给孩子欢乐，那么他也就自然而然更容易做出"有限的选择"。

提供有限的选择，既尊重孩子的意愿，又能让孩子遵守规则要求。有限的选择，温柔的坚持，何乐而不为呢？

作 者 信 息

姓　　名：黄幼华　　　　　　单　　位：广州市天河区天府路小学

我们看见了你

行为关键词： 家校关系

运用正面教育理念：

1. 孩子的首要目的是寻求价值感和归属感。

2. 孩子需要鼓励，就像植物需要水。

3. 一个经常犯错误的孩子，往往也是一个缺乏自信的孩子。

4. 孩子感觉好的时候，表现才会好。

运用正面教育工具：

行为冰山图，儿童行为的错误目的表。

行为描述

在小学生的人际交往对象中，老师和同学占了相当重要的部分。如果学生能正常进行日常人际交往，在集体中就会更容易获得价值感和归属感，这种自信也会让其更轻松地习得学习技能和生活技能。当一些孩子的人际交往能力较弱，内心需求无法被他人理解和及时得到正面回应时，不当行为可能也会随之产生。由此产生的不自信，会进一步降低其归属感和价值感。老师可以通过观察、鼓励、及时引导的方式，让孩子得到"被看见"的机会，帮助孩子克服人际交往的困难，不断增强自信，融入班集体中。

情景案例

　　我担任12班的班主任快两年了。班里一个叫小奕的孩子常常引起我的关注。他个子偏小，喜欢一个人沉浸在自己的世界里，心智和同龄人对比起来略显幼稚。课堂上，当小组其他成员热火朝天讨论着某个话题时，他在一旁悄悄摆弄书本、文具；下课了，当其他同学开心玩耍时，他在一旁默默地看着；如果有同学热情地喊他加入活动，他会快速跑开，跑远了还会偷偷回头看一眼，似乎很担心有同学跟着他。班上有集体活动的时候，比如课间操或者运动会，他宁可躲到厕所或者楼道里面，都不愿参加。后来，在这个看似安静的孩子身上，发生了意想不到的事情。

　　有一天，我接到了班上一位学生的奶奶的电话，电话里，奶奶很气愤地讲述了白天在教室里发生的事。当天，她的孙女小茹带了一件从课外兴趣班老师那里获得的小奖品"水晶宝石"回到班里。小奕是小茹的同桌，课间发现小茹正在玩这块"宝石"，就让小茹给他玩一玩。小茹没有同意，小奕觉得小茹小气，直接就将小茹推倒在地上，小茹的腿撞到桌子脚，当时就痛到流眼泪了。刚好上课铃响了，小茹不想影响上课，就忍着没有告诉老师。晚上回到家，受伤的脚已经红肿起来了。奶奶在电话里强调，这已经不是小茹第一次被小奕弄伤了。一次体育课上，小奕突然插队到小茹的前面，他大力推搡，小茹站立不稳，直接摔坐到地上。还有一次，小奕突然生气，一伸手就把小茹新买的水杯推到地上磕坏了。小茹奶奶曾试图和对方家长通过电话沟通，但是对方家长总是很忙碌，急匆匆说几句对不起，或者问需要赔多少钱，就挂断了电话，问题一直没有得到对方家长的重视。她希望我这个班主任能尽快地严肃处理。我对小奕的奶奶又气愤又着急的心情表达了理解，并承诺一定会再了解情况，在班级里解决好这件事情。

　　随后，我在电话中向小奕妈妈讲述了这件事情，同时告诉小奕妈妈，小奕性格比较敏感，心智有些偏小，在班上没有太多朋友，希望妈妈协助引导小奕，和同学们多沟通，多参加集体活动，这样才能受到大家的欢迎。小奕妈妈表示，之前是因为工作太忙碌了，这次她一定重视，对小奕好好引导教育。

　　晚上十一点，我的电话再次响起，小奕妈妈非常沮丧地告诉我，她刚和小奕提起白天的事，小奕就大喊大叫，说全班同学都不喜欢他，老师也不喜欢他，谁都不相信他，他讨厌去学校。小奕妈妈见状，有些着急，大声质问小奕："如果你平时就做好了，老师和同学又怎么会不喜欢你？如果你继续这样，只会更加没人理。"小奕一听，边哭边往外跑，一下子就跑没影了。全家人大街小巷到处找，差点都报警了。最后还是在小区一处黑暗的楼梯间转角处找到了缩在墙边的小奕，他坐在那里一个多小时了。小奕妈妈对我说："我一想起我的小孩缩在楼梯角落里，就觉得心里很不是滋味。我小孩有那么让人讨厌吗？他不过是一个二年级的小孩，如果全班同学都这么讨厌他，那他该怎么办？"

　　放下电话，我开始陷入了沉思：平时，我总是告诉同事和家长，要践行正面教育，要让孩子在班级中找到价值感、归属感，要会判断孩子错误行为背后真正的需求和目的，要关心和及时回应孩子的情感需求……为什么小奕的感受却是大家都不关心他，甚至讨厌他？为什么他完全体会不到班级的温暖呢？是不是在我平时的教育中，对孩子的确存在着忽略和偏见呢？小奕在教室的不当行为，会不会正是他缺乏信心的表现呢？要让小奕成为一个自信的孩子，首先要让他能被大家看见。但是单单靠老师的努力，实在是很有限。我可以让谁来帮帮我呢？此刻，我想起了小奕妈妈。

　　于是，我打电话给小奕妈妈，希望能更多地了解小奕。我了解到小奕爱看课外书，经常帮妈妈照顾弟弟，滑轮也滑得特别好。我问小奕妈妈："我们都希望孩子在班里有归属感、价值感，您愿意和我一起努力，让大家都看见小奕的优点吗？"小奕妈妈答应了。我告诉小奕妈妈，学校每周四早上，会有"小小演奏家"的小舞台表演活动，可以鼓励孩子在家里好好准备，上台展示个人才艺。小奕妈妈表示一定会鼓励小奕参加。

演奏当天，孩子们看见了在演奏的小奕，都纷纷围了过来。小奕弹奏出的美妙悠扬的琴声，引来大家的阵阵赞叹和掌声。经过这件事以后，小奕愿意在课堂上举手发言和参与小组合作了，每一次进步，我都能关注到并为他点赞。几个月后，小奕也愿意在学校里参加集体活动了，而且和同学相处得越来越融洽。小奕妈妈在电话里和我沟通的时候说："感谢老师，让大家看见了我孩子的优点。"

自我反思

通过这件事，我对"孩子的首要目的是追求归属感和价值感"的正面教育理念有了更深刻的认识和理解。一开始，我只是关注到学生犯了一个错误，并希望家长协助我改变孩子的不当行为。通过家校沟通，我开始意识到孩子的不当行为更大的原因是缺乏价值感和归属感。通过自我审视，我转变了教育方法。"孩子需要鼓励，就像植物需要水"，通过给学生创造展示机会，学生的确很快突破了自己的人际交往问题，发自内心地愿意融入班级。这也让我看到了正面教育的力量。

作者信息

姓　　名：徐涛　　　　单　　位：广州市天河区华阳小学

忠言也可以悦耳

行为关键词： 和同学打架

运用正面教育理念： 关注问题的解决，而非让孩子付出代价。

运用正面教育工具：

1. 赢得孩子合作的四个步骤。
2. 积极的暂停。

行为描述

在小学生品德行为的教育中，经常会遇到一类让老师觉得难以教育的孩子：他们不会处理与同伴的摩擦，常与其他同学发生矛盾，而且脾气比较倔强冲动，老师的批评教育根本听不进去，甚至还会顶撞老师。如何对这类学生因材施教，是教育者面临的一个难题。正面教育方法和工具的运用为做好这类学生的引导教育指出了正确的路径。

情景案例

我班学生小张今年9岁，脾气暴躁，容易冲动，常与其他同学发生矛盾，且个性倔强，一般的批评根本听不进去，有时还会与老师顶上几句。

怎么教育好他成了年级老师们面临的一个难题。

这天，我刚下课回到办公室，就有几位学生风风火火地跑来告诉我：小张打了同学一巴掌，还把书本扔到地下。我一听，有点生气了，这距离我上次教育他还不到两天。怎么又犯事了？我赶到课室一看。哟，现场桌椅东倒西歪，书本、文具掉了一地，"受害者"在哗哗大哭，小张涨红着脸站在中间瞪着对方，一副气势汹汹的样子。看着他做的"好事"，换作平时，我真想狠狠地批评他一顿。但这段时间学习了正面教育理念后，我意识到自己现在必须先冷静下来，学着换个角度去看孩子的错误，这也许对我与孩子来讲就是一个学习良机。我把"你怎么又欺负同学了？"这句话吞了下去，深深吸了一口气，平复一下心情，尽量用平静的语气对他说："小张，无论什么原因，请帮我们把地上的东西收拾一下，好吗？"没等他反应过来，我蹲下去，跟旁边的孩子一起捡起散落在地上的书本、文具。小张听见愣了一下，看看蹲在地上收拾的我们，原本激动的神情闪过一丝不安，接着也慢慢地俯下身子，带点不情愿地捡起书本，后来，还帮着把桌椅摆放整齐。收拾好后，我把他带到了办公室。

这时的小张，虽然还是一脸不服气，但已经平静了一些。我说："小张，老师看得出来，今天的事情令你很生气。我很理解你的心情。"语言传递我对孩子的理解，小张感受到自己被尊重，虽然还是一言不发，但通过眼神可看出他已收敛了先前的怒火。

我继续表达对他的理解："我相信你现在很难受，是吧？我遇到让我生气的事情，心情很也不好受。"这时他果然点了点头。"看到你生气，我也不开心。不过，你虽然生气，但我叫你一起收拾好书本，你能马上做好，我觉得你是个听话的孩子，我还是感到欣慰的。"这时，小张紧绷的脸换上了惊讶的神情。他可能怎么也没料到，以往批评的模式竟变了样。

赢得孩子合作的四个步骤中，除了告诉孩子我们自己的感受，还应该让孩子关注问题的解决。接下来，需要找出问题的原因了。我接着说："我相信你也有与同学相互配合的能力。能告诉我今天这样做的原因吗？"这一问撬开了他一直紧闭的嘴。原来今天两个同学发生了争执，要动手打架，小张上前劝架，他们不仅不听，还嘲笑他，说他这个打架大王没有资格去说他们。结果，他忍不住就动了手。

我听了，暗自庆幸刚才没有来一顿不分青红皂白的责骂。我微笑地点头说："你能主动去阻止他们，说明你已经认识到打架的危害了。你觉得还有更好的方法处理吗？"小张踌躇了一下，说："我可以骂他们，不动手。"我正想说骂人也不对，但想到还是要启发他自己找到更好的方式。

我继续问："还有更好的方法，可以让自己与别人都不受伤害吗？"

"走开，不理他们。"

"还有呢？"

"可以和同学一起说他们，或者告诉老师，让老师说他们。"

"对，这三种都挺好。让同学和老师帮助他们也是一种好方法。"我拍了拍他的头，"下次遇到这样的情况，会处理了吗？"小张点了点头。

"你懂得了道理，那要你教一教大家哦。以后班里发生类似的事件，你就这样帮助他们，行吗？"这让小张有点出乎意料，他再用力地点点头。

"那如果有同学打了别人，除了劝导他，还应该提醒他怎么做呢？"

"让他向同学说对不起。"

"不错。那现在你呢，是不是也应该这么做？"

"明白了，老师，我现在就去跟同学说对不起。"

"对了，这样才是合格的文明劝导员。"

他离开办公室时没有了以往的垂头丧气或者满不在乎，而是凝重的神色中带有一丝轻松。看着他离开的背影，我心里暗暗惊叹于正面教育的威力。

自我反思

对于个性冲动的孩子，我们处理事情时尤其要注意方式方法，只有以尊重为前提进行的教育活动，才会取得好的效果。运用正面教育赢得合作的四个步骤，让孩子感受到你的理解、同情和尊重，关注问题的解决，用"你觉得还有更好的方法处理吗？"提问，引导孩子一步步认识到自己的错误，找到解决的方法。只有激发孩子的自主自律，才能赢得他发自内心的合作。这次谈话正是摒弃了对孩子的责备打击，把要文明待人的道理说教，换作体现尊重与平等的启发式提问，建立起有效的连接。忠言也可以悦耳，让孩子感觉好的时候，他们也就能表现得好，这正是这次教育谈话的成功之处。

作者信息

姓　　名：何凤茵　　　　单　　位：广州市天河区沙河小学

我在集体中放光彩

行为关键词：在集体生活中太以自我为中心

运用正面教育理念：

1. 每个孩子都需要在集体中找到归属感和价值感。

2. 让孩子通过体验选择的自然后果来发展适应性和能力。

3. 侧重于解决问题，而不是指责和抱怨孩子的不当行为。

运用正面教育工具：

1. 共情：站在孩子的角度理解他的想法和观点。

2. 启发式提问：帮助孩子分析问题，找到解决问题的办法。

3. 鼓励：认可孩子的能力，并鼓励他坚持。

行为描述

集体观念是社会主义道德规范的核心内容，小学阶段是学生集体意识形成的重要阶段，但部分学生因为在家里受到父母长辈的宠爱，思想行为容易以自我为中心，具体表现为在班级中缺乏规则意识，依照自己的喜好行事，不承担班级责任，如值日等，也不主动维护班集体荣誉。长此以往，学生在集体中无法跟其他同学融洽相处，进而无法深入参与到各项活动中，对学生的人际交往能力等方面都产生了消极影响。因此，老师有责任培养孩子的集体意识，让孩子在集体中找到归属感和价值感。

四年级的一次班会课上，我向孩子们宣布了本次中队风采展示需要两名领诵员，男女生各一名，鼓励大家踊跃报名。女生领诵员在经过学生自荐、展示、投票等环节以后很快确定下来，男生领诵员却只有小源一人报名，于是我让小源站起来给大家展示一段朗诵，展示完后我觉得还不错，就说："既然只有小源一个人报名，而且他朗诵得也不错，那我们就确定小源为领诵员吧。"话音刚落，就有其他同学说："老师，不要选他，他不行。"听到这句话，我看到很多同学脸上都显露出对小源的不认同，小源收起了笑容，头低了下去。我问："为什么呢？"那名同学说："他上课都不认真听讲，只知道看课外书。"紧接着，又有其他几个同学说："对，而且他也不值日，总是逃值！""他好几次都没值，都是我们另外三个人做的！""他还老是不戴红领巾，我们班都被扣分了！""选他的话，他肯定也不会认真排练的！"……"讨伐"声在教室此起彼伏，小源的嘴角绷得紧紧的，眼眶微红，目视前方不说话。我也陷入苦恼之中，这些问题之前同学们也跟我反馈过，小源确实总是对班级的事情不上心，比较我行我素，我也跟小源谈过很多次心，但收效甚微。这次他想要报名参加活动，其实是在我意料之外的，本来想着他终于对班级活动感兴趣了，给他一次机会，但现在同学们都不答应……这时，有个女孩子站起来说："老师，您选小齐吧，他可以的。"我说："可是小齐同学并没有报名啊。小齐，你愿意参加吗？"小齐同学回答说："老师，我不想参加。"

场面一时僵持着，我想如果这一次没有让小源参加活动，可能他之后都不会再有勇气报名参加了，那他对班级就更没有归属感，也找不到价值感，行为只会越来越自我。这时，我想起了正面教育理念中的让孩子体验选择的自然后果来发展适应性和能力。在刚刚大家对小源的指责中，小源已经感受到了自己之前不承担集体责任带来的后果，那这一次他如果达成心愿参加活动，在集体活动中感受到自己的价值，或许会改变之前的想法和行为。于是我做了决定："既然小齐同学不想参加，那么我们还是让小源来做领诵员。但是，小源，老师对你有一个要求，就是参加了活动就必须认真排练，如果放学要留下来加练，你也不能一个人先走。"小源终于放松下来，点头坚定地说："好的，我会做到的！"

打铁趁热，刚刚班会课的决定应该让小源对我建立起了信任，我想借着这个机会让小源认识到：自己在集体中的行为是会影响到自己在集体中所能享受到的机会和权益的。下课后，我把小源叫到教室外面，问他："小源，你刚刚听到大家对你的看法了吗？当时有什么感受呢？"小源说："很尴尬，不好受。"我说："是的，在班级被这么多同学一起指责，一定很不好受，但你没有崩溃大哭，也没有和同学们吵起来，这一点你做得很棒。那对于同学们对你的指责，你认同吗？"小源平静地说："我确实是没有值日，也经常忘戴红领巾，但我不是故意的，我是真的没记住。"我与他共情，并表示理解："是的，没记住其实是很正常的一件事，大家都会有记不住的时候。一学期一两次、两三次忘记值日或者忘戴红领巾，我觉得都是可以理解的。"我接着问："可是，这学期才过了一个多月，就已经出现好几次这种情况了，而且之前老师和同学也反复提醒过你，对不对？"他点点头，我又问："那我们现在来想想这到底是为什么呢？"他沉默了，一时没说话，我耐心等待，过了一会儿，他说："老师，可能是因为我总是想着自己的事情，就没上心记住这些。"我肯定地点点头："所以，相同的情况下，别的小朋友可能一学期很少忘戴红领巾，甚至一直都记着，是因为他们把跟集体有关的事情放在心上，不想因为自己的原因导致班级被扣分。"他赞同地点头，我趁机说："所以如果你过于沉浸在自己的世界里，忘了集体的事，可能就会影响集体的利益和荣誉，那当你想要参与集体活动时，集体中的其他同学会不会支持你呢？"小源马上回答："不会！"我接着说："对了，所以刚刚你想要当领诵员，好多同学都不同意，甚至还推选了小齐同学，你想想为什么他们愿意推选小齐同学而不愿意选你？"小源想了一下说："因为小齐比我遵守纪律，上课表现好，不逃值，也不会忘记戴红领巾。"我说："所以你们每一个人在班级中的表现，同学们都看得很清楚，大家都爱这个班级，所以也喜欢那些维护班级利益和荣誉的同学，有了展示机会时也愿意把这些机会给那些表现好的同学。这一次是老师选了你，有些同学其实并不乐意，下一次如果又有你想要争取的机会了，老师希望你能自己争取到同学们的认可。你要怎样获得他们的认可呢？"小源想了一下，表态说："老师，我会努力的，这一次活动，我会好好练习，不会给大家拖后腿。以后，我也会记住值日的时间，不会总是忘戴红领巾了。"我欣慰地笑了："好，我相信你可以，刚刚老师选你也是因为你的朗读挺不错的，所以你要好好加油，和同学们配合，让我们的中队展示更精彩！"

接下来，每一次排练小源都认真参与，据小源奶奶反馈，小源在家也跟她说自己一定要好好努力，才不会辜负老师的信任。在中队风采展示中，他也以饱满的精神完成了表演。更让我感到惊喜的是，他记住了自己值日的时间，不需要提醒也会留下值日，虽然偶尔还是会忘记戴红领巾，但在各方面都开始表现得比之前好了。到现在五年级，小源在班级中不仅能承担自己应尽的责任，还主动出谋划策，为各项活动提供想法和实际的支持，与同学们的相处也越来越融洽。

自我反思

作为老师尤其是班主任遇到比较自我的孩子时，不能直接用强硬的态度去命令他做什么事，而是要懂得利用正面教育工具——"启发式提问"，让学生自己认识到自身存在的问题并找到原因，来改正自己的言行，在改正过程中老师还要不断鼓励，帮助他维持热情和积极性。当他通过一次有意义的活动感受到为集体荣誉贡献个人力量所产生的价值感时，他自然也会开始融入集体中，从而自觉地维护集体利益和集体荣誉。对比强制性命令，这种由学生个人体验自己选择所带来的自然后果，从而自然生发出对集体的归属感，会更容易让学生接受我们希望他做到的事情。

作 者 信 息

姓　名：赵雪羽　　　　单　位：广州市天河区五一小学

"不！"与"好！"

行为关键词：和同学吵架、打架

正面教育理念：纠正行为之前先建立连接；接受不完美，犯错误是学习的好机会；感觉好的时候，表现才会好；孩子的首要目的是寻求价值感与归属感。

运用正面教育工具：为孩子提供发展和实践"七项重要的感知力和技能"的机会，以提高孩子的自我价值感。

行为描述

小学生激烈的吵架甚至打架若不及时制止，会严重影响同学之间的人际交往，也对培养学生的品德行为、学习习惯不利。而学生做出不良行为主要是出于两个原因：一是自身受尊重的需求得不到满足；二是发生小摩擦，不及时道歉、解开误区而导致矛盾升温。为此，如何深入了解学生、分析成因从而对症下药，引导学生改善乃至消除这种不良行为，是老师亟待解决的问题。

情景案例

开学之初，在新的五（2）班里，我看到了这样的一个孩子——圆溜溜的脸蛋上嵌着一双充满戾气的眼睛。他独自坐在角落里，冷淡地看着别人。我也算是知道他的，"不"先生——小浩。"我不要！""我不去！""我不交！我不会！"一个"不"字似乎成了他的口头禅。与"不"并行的，是"少"有同学和他一起做伴，"多"让老师们觉得头疼。儿童心理学家德雷克斯说过："一个行为不当的孩子，是一个丧失信心的孩子。"他，就像一颗被乌云笼罩的星星，可是，要如何拨开乌云？正面教育的一个基本理念提醒我——纠正行为之前先建立连接。我需要等待一个时机。

一天午写巡班，我还没有走进教室，只见小浩气呼呼地从教室跑出来，径自趴在饮水机旁一边装水一边掉眼泪，倏尔又气愤难平地狠狠擦了眼泪。于是，我走过去，轻轻地拍了拍他的脊背，温柔地询问他："小浩，发生了什么事情？是受委屈了吗？愿意和老师说说吗？"他猛地回头看了我一眼，眼里有诧异，也有感动。很快，他把眼泪擦干，说了声"没什么"，顿了顿，又说了一句"谢谢老师"。"不客气，如果你有什么需要帮忙，老师随时都在。"他不再说些什么，但很快平复了心情，回到教室安静地进行午写，一笔一画，比起前几天更用心了。我给他写了一句评语："今天的书写认真工整，相信你可以写得更好一些。加油！"也许，是我的真诚感染了他；也许，是我一次次的耐心触动了他；也许，是我一次次的帮助感动了他。渐渐地，小浩在课堂开始专注了，作业也逐渐变好了，与同学的争执渐渐减少了。

只是，他还是一个人。在看着别的同学谈天说地之时，他常常落寞地站在走廊里，偶尔插话，也很多时候不欢而散。是的，班上很多同学都不太喜欢他，当然，这和他自己的行为习惯是分不开的。"你愿意和老师一起来分析一下同学们和你交流少的原因吗？"他嘟了嘟嘴："我知道，他们都说我喜欢骂人，还经常打架！可是有时候是他们先骂我的！"我轻轻地握了握他的手，拍了拍他的肩膀："我相信你有时候是事出有因的，但是否也有你自己的因素呢？"他顿了顿，说："有时候我就是看着他们那样的眼神感到不爽！好像就他们了不起一样！"原来如此，根据儿童行为背后的错误目的显示，他在寻找过度关注，其实是想寻找归属感和参与感。"小浩，那你愿意做出一些改变和尝试吗？"看着我温和的眼神，他点了点头，说："好！"

这不，特别时刻就来了。家长开放日就到了，他自愿举手参加大清洁。在这过程中，他发挥"不怕苦、不怕脏、不怕累、不怕高"的精神，使劲地把每一张桌子、每一个窗户都不遗余力地擦得干干净净，还抢着把满满的垃圾拿去倒掉。深秋时节，竟热出了一身的汗水。这一切让其他值日同学啧啧称叹。当然，我在旁边不忘用手机记录下这一个个瞬间。家长开放日上，我分享了这些照片，并且特别感谢了他，不知谁说了一句："小浩，我开始觉得你有点可爱了！"孩子们都由衷地鼓起了掌。掌声中，他腼腆的笑脸上那双眼睛成了耀眼的星星。慢慢地，课间有同学愿意和他一起聊天，玩耍；慢慢地，课后也有同学和他并肩走出校门；慢慢地，他坐到了前面，有了自己的小组，并且积极配合组员，使小组获得荣誉。

然而，好景不长。"老师，小智和小浩又打起来了！"匆忙赶到教室一看，里面一片狼藉。顿时我感到一股怒气涌上心头，用力深呼吸后，我想起了正面教育的一个基本理念——接受不完美，犯错误是学习的好机会。怎么把失败变为成功之母？我想，比起指责已发生的问题，更重要的是去了解发生问题背后的原因，提出建议，共同去解决问题。经过半小时的谈心后，我了解到他们竟是因为班上一个同学今天和小智玩，明天和小浩玩而认为这是"抢朋友"的行径而引发争执。看来，爱与归属确实是孩子的深切渴求。我笑了笑，说："看来，在你们的心中，朋友都处在很重要的位置。我们现在已经五年级了，还有一年的时间就要各奔东西了。你们认为以后还会有很多次机会享有六年的同窗情谊吗？"他们异口同声地说："不会！"我说："是呀！天下快意之事莫若友，我们何不化干戈为玉帛呢？"两个孩子对视一会，不禁莞尔。接着，我趁热打铁，说："大家都是半个大人了，也算个男子汉了，那我们用男子汉的方式来解决——握手言和！"两个男孩站起来，带着一些腼腆和兴奋，两只手紧紧握在了一起，松开的时候居然还很有默契地互相作揖。所有的问题尽化为笑声。

当孩子感觉好的时候，表现才会好。"小浩，可以帮一下忙吗？""好！""小浩，我们小组要努力成为明星小组哦！""好！""小浩……""好！"一年就快过去了，原来"大名鼎鼎"的小浩确实大名鼎鼎了——语文水平也从合格进步到了优秀，成了最大进步之星！

从"不"到"好"，我看到正面教育的巨大力量。我相信，每个孩子都是夜空里的星星，也许光辉迥异，但只要坚持，终会让每颗星星都绽放自己的光彩。

自我反思

教育，是让每一朵花能绽放，让每一颗星散发光芒。当我们遇到一个行为不当的孩子时，别心急，多尝试为孩子提供发展和实践的机会，让他感觉到"我也能行"和"我也被需要"特别重要。当他有了成功的体验，就会增强他的自我效能感。当然，教育也是漫长的事业，会有起伏，当效果不尽如人意的时候，尝试再出发，关注问题的解决，让孩子感受到老师的爱，孩子终会成长。

作者信息

姓　　名：梁琼菲　　　　　单　　位：广州市天河区天英小学

喷火龙变形记

行为关键词：同学冲突

运用正面教育理念：关注问题的解决，而非让孩子付出代价。

运用正面教育工具：和平桌。

1. 冻结：建立暂停机制。

2. 切换：在"和平桌"以尊重的方式把问题谈开。

3. 协商：达成一个双方同意的解决方案。

4. 成长：启发孩子思考，打造内心属于自己的"和平桌"。

行为描述

　　如何与同学相处，对于学生来说是一个非常重要的命题；同学之间发生冲突，如何解决问题也是学生必须要掌握的基本技能。我任教的班上，小霸王有好几个，他们容易斤斤计较、缺乏宽容，打架事件时常发生，严重影响了班级氛围。丁丁，外号"喷火龙"，脾气火爆，经常和同伴发生冲突，喜欢用拳头代替讲道理，非常不受同学的欢迎。如何用智慧解决同学之间的纠纷，成了老师和同学们共同面临的难题。

早晨，我刚刚回到学校，同学们就冲进办公室："老师，丁丁和轩轩打起来了，丁丁把轩轩的本子都撕了，你快去看看吧！"走到教室迎接我的是愤怒扭打在一起的两人，周围倒了三张课桌、两个凳子，还有一地碎纸片。

看到这个情景，想到班上最近发生的几起打架事件，有时老师也很难拉开怒气冲天的两人，甚至由于矛盾不能及时化解而引发家长间的争执，这次我打算使用"和平桌"这一工具处理"喷火龙"与同学的冲突。

一、冻结：建立暂停机制

冷静片刻后，我说："别打了，请停下！"两个人暂时停止了扭打，但是谁都没有松手。

这时我发现轩轩看了我一眼，于是立刻说道："轩轩，我观察到你看了老师一眼，你肯定知道打架是不对的，这一点非常重要。现在你大度一点，先松开手，老师和你一起来解决好吗？"轩轩配合地松开了手。丁丁看到轩轩先放了手，也松开了手，但是依然很愤怒，拿出一支笔发泄式地在作业本上到处涂抹。

看到丁丁的情绪还没平复，我想转换场景，帮助孩子稳定情绪。我轻轻地揽着他们的肩膀说："你们俩看到老师来了，能够第一时间配合老师，控制自己的情绪，老师觉得你们还是讲道理的好孩子。现在要上第一节课了，为了不影响其他同学的学习，我们找一个安静的地方，老师协助你们一起解决今天的矛盾，再回来上课，好吗？"

二、切换：在"和平桌"以尊重的方式把问题谈开

来到资料室，丁丁依然涨红着脸，眼神看向一边，很不开心。我说："丁丁，资料室很安静，没有同学们围观，现在你也试着平复一下自己的心情。看，这是一张'和平桌'，让我们在'和平桌'上和平地解决今天的问题。现在我们来复盘一下事情是怎么发生的。"

丁丁听到我没有批评他，也平静了很多。

我立刻给予肯定："老师看到，现在你们都平静了很多，这样能够帮助我们冷静地解决问题。现在谁来说说，到底发生了什么事情，我们再来想想如何解决。"

轩轩先开口："我在和同学玩，不小心碰到了他，他冲过来把我的离型本撕了，我阻止他，他打了我一拳，是他先动手的。"

我看了看丁丁："丁丁，是这样的吗？"丁丁没有看我，只是轻轻地点点头。

我松了一口气："承认错误是需要勇气的。丁丁，你很勇敢，那么你确实撕了轩轩的本子，先动手打了轩轩？"丁丁看了我一眼，又点点头。

三、协商：达成一个双方同意的解决方案

还原事实，厘清道理，达成合理的解决方案有助于解开相互之间的心结，并能有效地预防矛盾再次发生。看到丁丁点头，我再次肯定："每个小朋友都会犯错，我们不怕犯错，错误是最好的学习机会，重要的是错了之后要怎么处理。现在我们来说说解决方案。丁丁，这次你先说。"

丁丁声音稍微大了一点，说："我赔他一个离型本。"看到丁丁主动表示要赔轩轩本子，我称赞了他的做法："损坏别人的物品，确实应该赔偿。这是有担当的表现！不过，除了赔偿，丁丁你想想还有没有其他的方式？"

丁丁想了想，对轩轩说："对不起，轩轩，我不该撕毁你的本子，更不该打你！"轩轩表示："没关系，丁丁。我先碰到你，也应该说声对不起。这个离型本，我很喜欢，是科学老师奖励的。这样，你赔一个最便宜的就可以了。"

听到这里，丁丁笑了。为了更好地帮助丁丁控制脾气，我说："丁丁，你看，轩轩很贴心。其实同学之间玩耍的时候相互碰到是经常发生的事情，我们要学会宽容，学会心平气和地解决问题，这学期我们就制定这样一个小目标，好吗？"丁丁大声说："好的，老师。"

看到丁丁爽快地答应我，我也非常开心："很高兴在'和平桌'旁你们找到了解决问题的方法。老师认为这样处理很合适，你们为自己的行为所造成的后果负责，这是有责任感的表现！来来来，我们立刻上网挑选离型本，然后把链接发给丁丁妈。丁丁，今天你能勇敢承认错误，并有了一个小目标，老师期待你的进步！我帮你跟妈妈争取经济上的支持。"家长是我们的后援团，有家长的加持，将能更好地强化解决效能、巩固教育成果。

四、成长：启发孩子思考，打造内心属于自己的"和平桌"

引导孩子建造内心独有的"和平桌"，学会正确处理同伴关系，将能更好地促进孩子的成长。由个案启发孩子进行深刻思考总结，有助于根除问题。于是我追问道："今天的'和平桌'会议圆满落幕，真替你们感到开心！丁丁，下次遇到类似的事情，要怎么办呢？"

丁丁思考了约一分钟，说道："看到老师要停手，要心平气和，学着讲道理。"

我点点头："丁丁知道要先暂停打架，然后再冷静处理，真好！看，这是一张'和平桌'，其实每个人心中都应该有一张'和平桌'。与人为善，我们才能更开心。"

离型本事件之后，丁丁又和其他同学产生了一些矛盾，但在老师和家长的引导下，他逐渐学会冷静应对。经过一个月的持续关注，丁丁进步很大，从暴躁易怒到与同学和平共处，现在他有了自己的好朋友。看到他的进步，我邀请他管理班级眼保健操，有意识地训练他处理各类突发小事件。同学都说他脾气好多了，再也不是喷火龙，而是一条可爱龙。

自我反思

以正面教育工具"和平桌"为核心，通过"冻结—切换—协商—成长"四步法，引导孩子们快速平复情绪，客观复盘事实，冷静协商解决，深刻思考总结，从而让冲突的双方在相互尊重、彼此理解的基础上解决问题、化解矛盾。自从"和平桌"机制建立以来，打架事件大为减少，孩子们变得更加宽容、理智，班级氛围也更团结融洽，班上每个孩子内心都种下了一颗和平的种子。

作者信息

姓　　名：王俊　　　　　单　　位：广州市天河区体育西路小学

最美的笑容

行为关键词：人际交往

运用正面教育理念：

1. 纠正行为之前先建立连接，确保把爱的讯息传递给孩子。
2. 关注问题的解决，而非让孩子付出代价。

运用正面教育工具：

1. 反射式倾听。
2. 鼓励的三种语言。

行为描述

　　小琪是个很聪明的女生，却是同学们不愿意靠近的孩子。她用头发遮着眼睛，不太注意个人卫生，上课大声喧哗，用各种借口找同学们的麻烦，她的出言不逊和无理取闹，经常惹怒老师、同学们。她曾在体育课上，一直躲在体育老师背后找机会不断做鬼脸，破坏课堂纪律。只要她和同学起矛盾，她都在指责别人，觉得都是别人的错，还曾和同学打架。她的各种行为导致人际交往关系并不和谐，包括师生关系和同学关系。

情景案例

那一天，小乐在第三节下课时来到办公室，向我投诉小琪莫名其妙地用彩色笔把她的衣服画脏了。我仔细一看，果然小乐校服背部出现两朵红色小花和一个笑脸符号。我安慰了深感委屈的小乐，同时让小琪来到办公室。被头发遮住半张脸的小琪，穿着脏兮兮的校服，显得特别颓废。小琪一脸不屑地站在我的面前，摆出一副无所谓的样子，我问什么她都不回答，眼睛到处乱看，完全不理我。双方实在无法正常对话，我只能让她先回教室去上课。

我静静地坐在办公室，深呼吸让自己冷静下来，默默沉思：孩子一切突兀的行为皆有原因。小琪的人际关系很不和谐，同学们甚至都不愿意和她做同桌了。今天小琪为什么要画脏小乐的衣服呢？难道她不回应我，我就可以置之不理了吗？很明显，我得好好和这个倔强且不懂得与人交往的孩子建立有效的情感连接了。

第二天，我选择了午休的时候，约了小琪在辅导室里见一见。小琪满脸的不情愿，我笑了笑，让她坐下来。

她犹豫了一会儿，皱着眉头看看我，好像在问：老师在卖什么关子？

我先尝试打破沉默："小琪，昨天在学校你不高兴吗？"

小琪马上回答："没有不高兴。"

我接着问："那就是过得很高兴？"她愣了愣，摇头。

我继续问："都不是的话，那是怎样呢？"

她忍不住了，气呼呼地提高声音说："我是在生气！"

我点点头："发生什么事情让你生气了？"只见小琪犹豫了，不再吭声。

我没有放弃，继续问道："是不是我让你来办公室，让你生气了？"

我耐心地等待着，看着小琪不停地搓着双手。终于，小琪咬咬牙，第一次用眼睛正视着我，说："不是，我生气是因为小乐。"

我不动声色，和善地向小琪点点头，鼓励她继续说。

"是她的错，她下课走过来坐在我面前，跟小珊（小琪的同桌）说话，她一直说一直说，实在太吵了！"

"原来是小乐不停地说话吵到你了。"慢慢地，我把事情的来龙去脉从她嘴里问了出来。

"是啊，小乐为什么要过来找小珊说话，还说了那么久？我都没法插上话，我也有话想对小珊说啊！"小琪更加气愤地说，"上课铃都快响起来了，小乐还在说。她那么喜欢说话，我就在她衣服上画画给她点赞！小珊反过来还说我不对呢！"

我拍拍她的肩膀，同意道："你确实不容易啊，原来小乐的行为给你带来这么大的困扰！"

听到我这么一说，小琪的眼睛马上亮起来，仿佛在说：黄老师居然理解我的感受。情感上的认可，比什么都重要，我的反射式倾听，问到了事情的起因经过，也找到了共情点，让我和小琪的情感有效地连接起来。

问清楚了事情，情感连接成功，小琪的情绪也恢复平静。我拿出白纸，在中间画了一个大圈，写上"关系"二字。然后，我告诉小琪："小琪，你想解决和小珊、小乐之间的矛盾吗？"小琪愤愤不平又一脸迷茫。我继续说："我们一起来想想，如何让你和小珊、小乐的关系变好，好吗？"小琪看着我，想了想，重重地点点头，大声说"好"。

接着我在白纸上写下了"问题、解决方法、产生的影响"，随后小琪和我一边商量，一边补充了各项内容。

等全部写完后，我认真地看着小琪说："老师注意到，刚刚你非常认真地思考如何解决问题。"

小琪的小脸红了红，小声说："黄老师，我是不是又冲动做错事了？小乐生气了，小珊也说我不对。"她轻轻地叹气。

我摇了摇头，拉着她的手："小琪，做错事是没有关系的，最重要的是你知道错在哪里。错误是学习的最好机会。想办法解决问题才是我们现在需要关注的。小琪，我很感谢你相信黄老师，让我陪着你一起解决问题。"

小琪眼睛红了，小声地哭起来，说："黄老师，其实我也想和小乐、小珊做好朋友，所以她们不理我时我就生气，画了小花、笑脸在小乐的衣服上，其实我是想她们和我一起说话……"

我看着这个平时倔强的小姑娘，此刻可怜兮兮地哭红鼻子，就柔声安慰："小琪，我相信你，你可以选择更好的解决方法去缓解与同学的关系。"

小琪看着我，眼睛充满感谢，她点点头，低头专注地看着白纸上的"解决方法"。我看到她拿起笔，在"解释和道歉"这一项后面打了个大大"√"。她坚定地告诉我："老师，这事是我做错了，我希望能跟小珊和小乐当好朋友！"我笑着点点头，拍拍她的肩膀说："好，去做吧！老师相信你可以处理好你们之间的矛盾。"我看着从来不爱笑的小琪，羞涩地向我笑了笑，然后快步走回教室。那浅浅的害羞的笑容，就是小琪最美的笑容。这是正面教育给予她重新塑造良好人际关系的第一步，也是至关重要的第一步。

小琪能勇敢地承认错误，努力学习与人交往，与同学们之间的关系也得到了缓解。慢慢地，小琪越来越爱笑了，那发自内心的灿烂笑容，确实是最美的！

自我反思

　　小琪的变化，给了我很大的鼓励，也让我陷入深深的反思：面对小琪，我一开始并没有建立起有效的情感连接。当孩子之间发生矛盾时，作为班主任我得想办法了解发生什么事，通过反射式倾听，让孩子能够慢慢倾诉，有效反映事实、反映情感，也让我既可以了解事情的经过，又可以有效地与孩子共情。人际关系，就是从"共情"开始得到改善。接着，我要引导孩子认识和分析自己的行为，并且寻找适合的方法去问题解决，鼓励的三种语言就发挥出惊艳的作用，那么倔强、爱捣乱的孩子，其实无非是在想办法吸引别人的目光。我要深入倾听，始终坚持和善而坚定的态度，才能走进孩子们的心里，才能带领孩子们走出困境。

　　正面教育，教会我怎样有效地和孩子们建立情感连接，更让我明白了孩子们需要的是学会平复心情和有效地解决问题。

作者信息

姓　　名：黄碧群　　　　　　　单　　位：广州市天河区元岗小学

我想飞得更高

行为关键词：同伴冲突

运用正面教育理念：关注问题的解决，而非让孩子付出代价。

运用正面教育工具：

1. 积极的暂停。

2. 鼓励的三种语言（描述性语言）。

3. 共度特别时光。

行为描述

　　小学高年级的学生进入青春期，他们的自主意识逐渐增强，情绪不稳定，自尊心强，缺乏自我约束力。案例中的小高活泼、好动，自控能力差，经常打架，违反纪律，常常想引起同学的注意，但人际关系处理得不好，经常跟同学闹矛盾。这让同学们都远离他，不愿意跟他交朋友，科任老师也感到很头疼。教育这类孩子，需要老师树立科学的育人观，掌握学生的心理，通过正面引导和教育，让学生找到价值感和归属感，从而改变自身行为，培养孩子良好的品德。

　　"张老师，快去，小高又和同学打架了！"当我跑进教室，里面挤满了人，中间有两个脸红耳赤的男孩正瞪着对方，任凭同学们怎么劝阻，他们都不肯撒手，始终揪着对方的衣服。再看看周围一片狼藉，地面撒满了纸屑，笔也散落得到处都是。"老师，我看到小高先骂人，还动手打人。""老师，你看，小高乱扔垃圾，满地都是。""老师，他平时也打我。""老师，小高经常说我花名。"这时，指责声不绝于耳，其他同学纷纷向我投诉。

　　听到同学们的投诉后，我虽然很生气，但还是让自己冷静下来，采取了 积极的暂停 这种方式，把扭打的两人分开，领到没有人的会议室，让他们安静下来，坐在凳子上。我深吸了一口气，等心情平复后，用柔和的眼神看着他们，轻声问："刚才发生什么事了？老师想了解一下。"他们逐一告诉我事情的缘由。原来小王今天值日，看到小高把纸扔得满地都是，很生气，大声说了小高一句。小高觉得没面子，用脏话骂了小王，还说："关你什么事，不用你管，我爱扔哪就扔哪。"小王更生气了，就骂小高："你真不应该转学到我们班，我们不欢迎你！"小高听到这句，感到自尊心受挫，火冒三丈，打了小王一拳，小王也不甘示弱，打了回去，两人就这样打起来了。

　　我静静地看着他们，耐心地倾听他们的描述，点点头，并不急于评价。正面教育的理念倡导 "关注问题的解决，而非让孩子付出代价"。

　　听完两人的叙述后，我先让小王在外面冷静一下，再单独跟小高谈话。我先肯定了小高最近的表现，对他说："小高，我注意到你最近语文课堂发言很积极，表现不错。老师也感谢你平时乐意帮老师做事，让老师感到轻松多了。"他听后，不好意思地笑了笑。

接着，我开始引导他："刚才跟同学发生冲突时，你很生气，对吗？""嗯，老师，小王说我坏话！"说完，他又开始把音量提高，脸上露出气愤的表情。"小王这样说，确实让人不开心，我理解你的感受。"我说道。小高点了点头，委屈地看了我一眼，又低下头去。"现在，请你静下心想想，如果你是小王，你当时的感受会是怎样？当时会怎么说，怎么做？"小高听后，脸红了，小声说："如果我是他，当时可能会很生气，认为我乱扔垃圾，还骂他，跟他打架。老师，我错了。"说完，他的情绪慢慢恢复了平静，他开始意识到自己的错误。我拍了拍他的肩膀，说："能认识到自己的错误是一个好孩子，谁都有做错的时候，老师小时候也做过错事。你能站在对方的角度去理解对方，这很好。接下来，你打算怎么做？""我想去找小王道歉。"小高抬起头，坚定地说。我笑了，对他竖起了大拇指。

随后，我又把小王叫进来单独跟他谈。

当他们互相道歉后，一场风波平息了。

事后，我经常找小高聊天，有一天，他终于向我敞开心扉："老师，在以前的学校，我因为成绩不好和总爱违反纪律，经常被老师批评，同学们看不起我，爸爸妈妈还老打我。我觉得自己很没用，在班里抬不起头，在家里得不到温暖。转学后，没想到，我还是被同学们看不起，他们不愿意跟我玩，怎么也融不进新的班级，所以，我的脾气变得更加暴躁，经常跟同学闹矛盾。"说完，他难过地哭了起来，接着说："老师，我好想变成一只小鸟，可以飞得更高。可我现在就像一只折断了翅膀的小鸟……我多想有一天，大家可以真正地认识我。"

听了他的倾诉，我摸着他的头，陷入了沉思。是啊，一个行为不当的孩子，往往是一个丧失信心的孩子。我要多挖掘他的闪光点，引导他融入班集体，让他也能自信地"飞起来"。

往后的日子，我给予了小高更多的关注和鼓励。在课间，带着他和同学们一起玩游戏；在课堂上，我多给他发言的机会，对他的进步给予肯定，不断鼓励他。"小高，我注意到你回答问题时声音很响亮。""小高，这次语文成绩有进步，你是怎么做到的？""小高，我看到你的努力没有白费，绘画获得区一等奖。""小高，谢谢你，你想象力很丰富，写的科幻作文获得市科技征文一等奖，为学校争光！"听到这些鼓励的话，小高变得越来越开朗了，校园里总能听到他爽朗的笑声。同学们向我反馈，小高违反纪律的次数越来越少了，还交上了几个好朋友，经常和同学一起玩，一起看书，变得爱学习了，成绩也逐步提升。在学校经典诵读表演的舞台上，小高用生动的表情、抑扬顿挫的声音征服了全校师生，台下响起了热烈的掌声。走下舞台后，我看到他眼里闪着泪光，这一刻，是他盼望许久的时刻，是他最自信的时刻。他笑了，笑得那么灿烂，还做了飞翔的动作。

后来我经常约小高午饭后一起到学校足球场去聊天、散步，有时还一起跑步。他自豪地告诉我："老师，这是我们的快乐时光啊！"是的，这是属于我们的特别时光，在这个短暂的时光里，我们向彼此敞开心扉，增进感情。

在一个教师节里，他送给我一个闪着光的水晶球，下面压着一行字："张老师，谢谢您，我做到了，我能飞起来了，看到了最美的风景，现在的我很快乐。老师，谢谢您！"

自我反思

　　一个行为不当的孩子，往往是一个丧失信心的孩子。也许我们每个班里都有这样一个"小高"，给我们带来很多挑战。当孩子出现问题时，我们秉持"关注问题的解决，而非让孩子付出代价"的教育理念处理问题，真正了解孩子内心的需求，给予孩子更多的鼓励，多创造和孩子的特别时光，这样，师生的感情会变得更融洽，也能很好地解决问题，孩子在老师的关爱中找到价值感和归属感，变得更自信、更优秀。

作 者 信 息

姓　　名：张福联　　　　单　　位：广州市天河区沐陂小学

玩转"掌中大脑" 冷静解决问题

行为关键词： 与人相处时情绪易冲动

运用正面教育理念： 处理问题前先处理好情绪，孩子感觉好的时候表现才会好。

运用正面教育工具：

1. 认同感受。

2. 了解大脑。

3. 积极的暂停。

行为描述

　　五年级是学生情绪、情感的突变期，这个时期自我意识和认知水平在不断提高，学生会在意自身和他人的评价。在同伴交往过程中，彼此影响，容易出现情绪冲动的行为。如学生在校因为与同学相处或者遇到不愉快的事情而变得情绪激动、脾气暴躁，甚至对他人出言不逊、拳打脚踢。处理问题前先处理好情绪，冲动的情绪往往会带来冲动行为，因此教师应密切关注学生的言行，从情绪源头入手，多与学生沟通交流，了解和尊重学生，教会学生情绪管理的办法，帮助学生觉察情绪、调节情绪，才能更好地解决问题。

　　五年级的小聪在班上是个比较特别的孩子，平时做事冲动，常以自我为中心，喜欢跟同学们玩，但要是在班上与同学发生些不愉快的事情或者认为同学欺负他的话，他会容易情绪激动，暴跳如雷，进而骂脏话，严重的时候会动手打人，往往弄得彼此不愉快。这令我特别头疼，每次有这类事件发生，我都是花时间对小聪进行批评教育，如同侦探破案一样，将蛛丝马迹都梳理清楚，然后讲道理、摆事实让小聪明白自己的错误，最后让两个孩子道歉，当下是解决了，但过后又反复发生。慢慢地，我发现这些事情并未解决，小聪反而因无法疏解不愉快的心情，像一颗"定时炸弹"，说不定第二天矛盾会突然爆发。这也令我思考：怎么做才能真正解决问题呢？

　　那天，"案件"重演，几个学生急匆匆地跑到办公室找我："老师，老师，小聪又跟小伟吵架啦，快要打起来了！"当下的我心中一团怒火，想着：怎么又这样了呀！我快步走到教室走廊，只见此时的小聪脸色通红，眼里充斥一股怒气，攥紧拳头，拼命朝着小伟大骂，周围的同学想劝都劝不住。我盯着小聪，站在他面前，立马批评了他，可是他的情绪越来越激动，根本冷静不了。这时候，大脑告诉我：这招已经没有什么用了，小聪听不进去，情绪依然激动。突然间，我想到了正面教育中"掌中大脑"这个工具，心想：在我面前的小聪不就是"大脑盖子"打开了的样子吗？而我不正是因为小聪的行为也打开了"大脑盖子"吗？两个人都如此，怎么能够解决好问题呢？正面教育中提及的"处理问题前先处理好情绪""感觉好的时候表现才会好"，让我茅塞顿开。是呀，小聪因为情绪激动，才会激发矛盾，只有解决小聪的情绪问题，平复他的心情，接下来的事情不就可以更好地解决了吗？

　　于是，我尝试用"掌中大脑"来解决小聪情绪激动的问题。我看着此时的小聪，正努力平复心情，于是我上前拉着他的手，说："小聪，吴老师看得出来你非常生气，我来帮帮你好吗？"我先认同小聪的感受与他共情。小聪突然看着我，看得出他听到了我讲的话，他身体依然抖动着，在努力控制自己的情绪。他点了点头，说："好！"我就拉着小聪的手走到羽毛球场的一个角落。

"小聪，你很生气，吴老师非常能理解这种感觉，就好像心中有一团火在烧。我也会生气发火。"

小聪身体抖动的频率慢慢减少，然后他说："是的，我非常生气！"

"来，我们深呼吸，看看生气会不会离开，让我们心情好一点。"

我在一旁做起了夸张的动作：吸气—呼气—吸气—呼气，小聪也学着一起做，慢慢冷静了下来，也被我的动作逗笑了。

"你知道吗？因为我们的大脑发生了变化，才让我们生气的。"接下来，我给他讲述了"掌中大脑"的原理："我们每个人都有两个脑，一个叫'动物脑'，一个叫'理智脑'……"

他听得津津有味。后来我跟小聪制定了"合上大脑盖子"的暗号——手掌打开然后慢慢合上的手势，还约定了一个积极暂停区——图书馆，没想到他很喜欢。约定当我们的大脑盖子打开的时候，我们就做出手势，让对方暂停一下。

担心小聪会忘记，于是我跟他一起扮演生气的自己，让对方用暗号来提醒。我扮演"生气的老师"，眉毛上扬，双手叉腰，说道："我要被你气死啦！"小聪就马上出示手势，对着我说："吴老师，你的大脑盖子打开啦！"我立刻停止生气的样子，然后和小聪一起开心地笑。就这样，我们轮流练习了几次，非常好玩。

等小聪的心情完全好起来了，我就问他发生了什么事情，打算怎样解决。慢慢地，我感觉小聪很理智，并且愉快地想出了好办法。我当下觉得原来解决矛盾是这么愉快的事情。

那次之后，我也在观察小聪的表现，当他情绪激动的时候，我就在他面前做暗号手势，一开始他还没有意识到，我会说一句："你的大脑盖子打开啦！'动物脑'在主导你，你去积极暂停区让自己心情好一点。"多次之后，只要我做出手势，他就能够觉察并管理好自己的情绪，慢慢地，他与同学的争吵变得少了些，生气时会跑去积极暂停区安静看书，然后再跟我讨论解决问题的办法。

　　班上其他学生也会有生气的时候，因此我通过小聪的这件事情，在班上开班会课，以"掌中大脑"为主题，告诉孩子们大脑的秘密，觉察情绪，共同约定"合上大脑盖子"的好方法。孩子们头脑风暴，制作选择轮和设计冷静表等，这让我的班级管理工作越来越轻松了。

自我反思

　　通过小聪的这件事情，我意识到面对学生发生矛盾的时候，以往的教育方式只是停留在讲道理、批评教育上，而忘记站在孩子的角度去思考事情发生的原因，只有处理好学生的情绪，才可以处理好事情。将正面教育中"掌中大脑"的知识教会学生，并学会运用，帮助学生觉察情绪、调节情绪，就能更好地解决问题。同时老师也要做好榜样，面对生气的自己，要学会冷静下来。相信在班集体中运用好"掌中大脑"的知识，可以给师生们愉快的体验，培养学生与学生、学生与老师解决问题的能力。

作者信息

姓　　名：吴必娴　　　　单　　位：广州市天河区天府路小学

我的"班干部工作坊"

行为关键词：班级建设制度

运用正面教育理念：关注问题的解决，而非让孩子付出代价。

运用正面教育工具：

1. 鼓励的三种语言。
2. "我"句式。
3. 反射式倾听。

行为描述

　　班干部，是每个班主任、科任老师的辅助力量，即使我们有意识地去培养全班每一个学生，让他们都有为班级做贡献的精神，但是从能力上来说，还是有一部分学生能更高效地完成老师交代的班级管理方面的任务。班干部队伍的建设是小学生涯中不可忽视的一部分，很多小学生对于班干部的定位和职责并不清晰，他们更多的是把班干部视为一种权力的象征，通过运用手中的权力对班级的其他同学展开管理。但这过程中他们还没有掌握很好的沟通技巧，管理方法简单，这会疏远同学间的距离，不利于班级和谐。因此，班主任有必要教会孩子如何巧妙地处理班级问题，化解同学间的矛盾。

情景案例

最近有不少家长和同学向我反映，有的班干部管理的方法简单粗暴，在发现同学们有不当行为的时候，只会以大声呵斥、扣分恐吓的方式，企图改变同学的不正当行为。为了使班干部与班主任的合作更得心应手，我决定在班级里推行"班干部工作坊"。教他们如何和善而坚定地做好老师的小帮手和班级的管理员，同时又不会破坏他们和同学之间的友谊，创造和谐友爱的班集体。

首先我要纠正他们的错误意识，然后告诉他们沟通的方法、工具。那么采取什么形式呢？就开工作坊吧，把班干部当作学员。正面教育不就是通过体验式的教学，让学员自悟的吗？而且这样得到的效果更扎实。既然班干部是老师的助手，某种程度上来说，他们也是老师的合作伙伴，就当他们是大人吧。

本着这样的理念，我召集核心班干部开"班干部工作坊"。我试着跟他们讲正面教育的八大理念、大脑盖子、镜像神经元等理论。学生们虽然一脸似懂非懂的样子，但还是对正面教育提起兴趣。

接着，我给他们带来了三个比较常用的工具。

一是"鼓励的三种语言"。

1. 描述性语言：我注意到……

2. 感恩或者欣赏性语言：我很感谢你……（加上对自己的影响）。

3. 赋能性语言：我相信你……

这个活动能让班干部体会到，被人关注、发现自身的闪光点，心情是愉悦的，这样有利于建立同学间友好相处的基础；引导班干部多发现、关注同学的闪光点。

有一段时间，我们的教室卫生情况很糟糕，主要表现是孩子们把水打洒后，没有及时拖地。周围的同学不知情，在旁边来回踩，地面上就变得黑乎乎的。有一次，小红的水刚好撒在中队长旁边。这边，小红反应特快，立马拿起拖把处理。中队长小城说："小红，我发现你反应很快，马上就知道怎么处理了。我来帮你吧。"小红讪讪地笑了一下："小城，不好意思啊，我刚刚喝完水没及时盖上，一不小心就碰倒了。""没关系，我相信你以后会注意的。"就这样，一段小插曲就结束了。

二是"我"句式。

我感到愤怒是因为……我希望……这个工具能够帮助他们在发现同学有不当行为的时候，平和地跟对方提出自己的观点，减少双方的争执。

眼保健操管理经常导致队干和同学起争执，无非就是队干说话比较凶，同学听了心里不舒服，所以故意对着干。在学习了"'我'句式"后，我侧重提醒了一下，队干也要注意自己说话的方式和态度。不久的一次眼保健操，我经过教室时就听到了这样一番对话。

管理员小青："又是你，小米，你快点做眼保健操！"

小米："又是你！那么凶干吗？老师不在，你就了不起啊！我就不做！"

小青正要开口，就瞥见在窗外的我。我示意她深呼吸，抬手到胸前，往下压。她了然，深呼吸一口气："小米，我很生气，因为你总是不做眼保健操，而且不听我的提醒。我希望以后你能主动做眼保健操，实在不记得，也请你在我提醒后，马上做。"

小米显然没想到小青会这样说，霎时也沉默了。好一会儿，他悠悠地说了一句："好的，我也不该太着急。以后会注意的。"

小青："谢谢你！"

三是"反射式倾听"。

A：我感到愤怒是因为……我希望……

B：你感到愤怒是因为……而且你希望……

班干部有时也要承担安抚同学的工作，这个工具能够帮助他们更快地走进同学们的心里，疏导同学的消极情绪。

我们班上有个小玲同学，情绪极易失控。小文是一个思想比较成熟的孩子。这两个孩子平时关系就比较密切。每当小玲发脾气，小文总是第一个上去安抚。后来，小文跟我说："老师，这个反射式倾听真的很有用，每次小玲发脾气的时候，我就用这个工具跟她沟通。她一下子就平静了！"

我问他："你觉得，小玲的问题严重吗？"

"不是，我觉得她其实就是缺乏聆听者，不懂表达自己。我就慢慢引导她把自己的感受和想法说出来。每次说完，她就好（平静）了。"

"哦，我注意到你能理解这个工具的真正意义了，相信你在其他情况下也会想起它。"

在我的坚持下，班干部从生硬地使用工具，到现在用得得心应手。同学们不仅能接受班干部的建议，甚至从他们身上学到如何运用工具——看来这对营造和谐友好的班级氛围大有帮助啊！现在有很多班级的议题，比如每月之星的评选、六一游园活动的游戏规则的制定，都由班干部负责，我倒是轻松了。有时候，我们把正面的理念传递给孩子，相信孩子，尊重孩子，惊喜就会慢慢出现在我们的眼前。

自我反思

班干部一开始并不能很熟练地运用工具，用得很别扭，有时候还把自己绕进去。他们也有很疑惑的时候，老师需要给予鼓励，指出使用误区的同时做出正确的示范。正面教育不是为了培养孩子听话，而是一种为了让孩子自信、自律、自强的教育理念，要做到平等和尊重。所以把班干部当作大人，当作学员，把班干部会议开成工作坊，又有何不可呢？

作 者 信 息

姓　　名：杨彬　　　　　　单　　位：广州市天河区龙口西小学

第五章

行为规范

小步共前进

行为关键词：尿裤子

运用正面教育理念：

孩子感觉好的时候，表现才会好。

运用正面教育工具：

1. 鼓励与表扬。

2. 花时间训练。

3. 转移注意力和引导。

行为描述

一年级刚入学的新生由于年龄小，生活及学习环境发生巨大的改变，班上很多孩子或多或少都出现了一些"不良反应"。例如，有的孩子缺乏规矩意识；有的孩子坐不住，东张西望，不停玩文具；严重一点的孩子甚至还会出现频繁尿裤子的问题。

情景案例

一年级刚开学没几天，班上的小勋便开始尿裤子。初期小勋尿的次数少，孩子一尿我们便和家长打电话沟通，了解原因，但经常找不到答案。孩子尿一次，我们就帮着收拾一次，因为会耽误上课进度，我们一边收拾一边会不自觉地唠叨："小勋，你都上一年级了怎么还在尿裤子呢？你一直尿裤子，其他小朋友会嫌弃你的。"之后小勋每次尿裤子都会伴随着老师的唠叨声和同学的嘲笑声而草草收场。但到了学期中，孩子尿裤子现象越来越严重，这可愁坏了我们，于是我们开始建议家长带孩子做全面的检查，但最后收到的结果都是身体正常。这时候我才意识到很有可能是孩子的心理出现了问题，我开始反思并结合正面教育中的方法逐步调整自己的教育方式。

（一）要鼓励不要羞辱，保护孩子的自尊

小勋之后每次尿裤子，我会尽量控制自己的情绪，不在班级里质问孩子"为什么又这样"，更不会说出"你尿裤子会让小朋友不愿意跟你玩"的羞辱话语，因为这些话语对其他同学来说就像是建议，这会使得班上的孩子们越来越反感小勋，大家都不跟小勋玩，那小勋的同伴就会越来越少，打击他自信的同时还会削弱其归属感。当一个孩子没有了归属感，他就会感到沮丧，从而导致他们持续做出偏差行为，仔细想想，这是多么可怕的一件事啊。为了帮助小勋，我开始查阅一些正面教育的书籍，同时也在慢慢转变自己对小勋的态度：原来行为不端的孩子并不是坏孩子，他们只不过是沮丧的孩子。在这种态度影响下，当再次看到小勋尿裤子的行为时，我的反应平静多了，以至于我能够理性地组织语言，以一种更加温和的语气与孩子沟通，例如："你现在还想去洗手间吗？或者说换掉你的裤子？""你愿意现在跟老师一起打扫你弄脏的地板吗？"当我把这种说话方法告诉其他老师后，在班上老师们的共同努力下，后期小勋也悄悄发生了改变，他开始能在老师上课时举手反馈想去上厕所的意愿，也能够在尿裤子后不再尴尬地站在原地，而是寻求周围同学或老师的帮助，这一举动让我们十分欣喜，也得到了其他任课老师和同学们的表扬。

（二）帮孩子安排时间，花时间教技能

尿裤子的孩子往往缺乏对时间的合理安排，小勋也不例外，一下课就玩，一上课就尿裤子。于是我在班级里帮小勋找了一位专属"时间小管家"，这个"时间小管家"由全班男生轮流来当。每次一下课，便会有"时间小管家"提醒小勋要去上厕所，甚至还会带着小勋进洗手间，坚持一段时间后，小勋便能主动如厕。这一举动让小勋有了能够交流的同伴，同时也使其养成按时如厕的习惯。

除此之外，面对被尿脏的裤子和地板，起初的小勋总是不以为意，作为老师也总会看在孩子年龄小，不会收拾的分上，帮小勋更换衣裤和清扫地板。这一举动无疑是认可、助长了小勋的错误行为。所以在后期，当小勋再次出现尿裤子的行为时，我们会先告诉孩子明确地板上需要被清洁的区域，然后和孩子一起劳动，教会孩子清洁的方法，鼓励孩子参与到班级课后的大扫除中。这样，在经过一段时间的实践练习后，我们就可以用语言鼓励孩子："老师会在旁边陪着你，但你需要为自己的行为负责，自己收拾弄脏的地方。"而掌握了劳动技能的小勋，此时也能够清晰知道该怎样解决尿裤子后地板脏乱的难题。上述方法对小勋来说就像是一种鼓励，既锻炼了他的清洁技能，又让他有了自己所擅长的本领。

（三）减少关注，进行冷处理

剖析小勋尿裤子背后的错误原因，不难发现小勋渴望得到大家的关注。初期孩子尿裤子次数少，而到了中期猛然增加或许真与老师有关。之前我们都过于紧张这件事，总是把课停下来，一边处理一边进行说教，全班同学的注意力也都集中到了这件事上。后期我开始使用正面教育的方法，选择淡化事件，减少对其尿裤子这件事的关注，走到他身旁，轻声在其耳边说："你愿意先去厕所换好裤子，还是先收拾好地面呢？"久而之，孩子尿裤子的次数果真在减少，即使尿了裤子，只要对其稍加提醒，他便能自行收拾，慢慢地，从学期中到学期末，孩子基本没有在课堂上再

尿过裤子。

　　这个真实案例发生在一、二年级，当我用正面教育的方法来教育孩子，将近有半个学期孩子没有尿过裤子，这是多么可喜可贺呀！但事情到这里并没有结束，二年级下学期，小勋又开始有了尿裤子的行为。我想，对于小勋，我们还需要投入更多的关注，争取发现并且鼓励孩子每天的进步，帮助其早日改掉尿裤子这一不良行为习惯。

自我反思

　　虽然孩子的不良行为在反复，但这也更让我坚信，正面教育不是一蹴而就的，它是一个找到方法从而慢慢熏陶、逐步内化的过程，是急不来的。其实我们每个人都不完美，学生不完美，作为教师的我也不完美。正面教育帮我消除了一些错误教育的方法，同时也帮我找到了能跟孩子们更好相处的方式，从现在开始真正享受到为人师的快乐。我们要相信：当孩子们感觉好的时候，他们才会做得更好。

作者信息

姓　　名：年思凡　　　　　单　　位：广州市天河区石牌小学

努力换来的糖果会更甜

行为关键词：偷糖果吃

运用正面教育理念：关注问题的解决，而非让孩子付出代价。

运用正面教育工具：赢得孩子合作的四个步骤。

1. 表达出对孩子感受的理解。

2. 表达出对孩子的同情和理解。

3. 告诉孩子你的感受。

4. 让孩子关注如何解决问题。

行为描述

　　一年级的孩子正处于行为习惯与品德发展的关键时期，而在单亲家庭中，家长一方由于工作繁忙，难免会有忽视孩子心理需求的时候。而孩子因为羡慕他人拥有美好的事物，便产生偷窃的心理与行径。当偷窃行为被当场发现时，便是考验老师与孩子之间沟通技巧的时候。诚实是一个人必须具备的优良品德，面对孩子犯错误，老师应该引导孩子诚实面对、努力改正，让孩子具有分辨是非对错的能力，作为老师这是责无旁贷的。

情景案例

　　下班时间到了，像往常一样，我都会去班里看看班级卫生搞干净没有，看看负责今天托管的老师送孩子们放学后，有没有遗忘关灯或者关风扇。今天刚好班级出完新一期的黑板报，便想着下班了，去教室拍个照存档，以备后续之需。

　　此时已接近傍晚6点，教室的灯是关了的。正当我走近教室后门时，发现讲台上蹲着一个学生，仔细一看，原来是小敏。我便喊出了她的名字。一听到是我的声音，小敏便匆忙地从讲台走到第一排的位置，低着头，假装在抽屉里寻找东西。因为之前也出现过很多次在下午托管期间，她从外面跑回学校，说是拿落在教室里的物品。我以为这次小敏也是一样，便问小敏："小敏，你今天是不是又落下东西没有带回家去？在找什么，"她依旧低着头，不回答。我便从后门往讲台方向走去，还没走到讲台，便看到讲台下方的柜子门是打开的，而地上放着好几颗糖。我一看便明白了刚刚小敏在讲台前做什么。

　　于是我便走到她身边，指着地上的糖果，问她："小敏，请问这是什么？"她一听也不敢吭声，身体还不由得打了个微颤，一副极为慌张失措又害怕的样子，生怕受到我的严厉批评。我其实并没有责骂她的意思，只是想从她口中得出一个诚实的回答。见她一副低头不吱声的样子，我继续问她："小敏，这些糖果你知道是哪里来的吗？"小敏一听我这话，更加不敢看我，只是摇头不说话。因为知道小敏平时在学校里的行为习惯也不是特别好，也知道她之前有过偷拿同学东西、私下翻同学书包的不良行为举止，我便猜想刚刚那一幕，应该是小敏去偷偷拿我放在班级柜子里的小零食了。由于小敏默不作声，一下子让我无从询问。如果只是就此严厉批评一顿，那么孩子并没有得到更好的教育引导，也许下次还会有类似的情况出现。应该怎么办呢？转念一想，我想到正面教育工具里赢得孩子合作的四个步骤，也许可以帮到小敏。

想要处理问题，先要表达自己对孩子的理解。也许她是觉得老师已经知道她偷零食了，害怕自己承认了会被老师批评。于是我便试图打消她的这种紧张与害怕的心理。我轻声对小敏说："小敏，你是不是担心老师会批评你？怕被老师责骂？老师现在不是要追究这些糖果是不是你拿的，你有没有吃，而是希望你可以跟老师说清楚，诚实回答老师。做错事了，最重要的是主动承认，诚实面对，你就依旧是个好孩子。"听了我这番话，小敏的戒备心才放下来。

接下来想要赢得孩子的合作，就要表达出自己对孩子的同理心。我便对小敏说："这糖果看起来一定很好吃，老师也还没有尝过其中味道呢。我曾经也像你一样，偷吃过奶奶藏起来的大白兔糖，结果奶奶责骂了我，并教导我想吃的东西，不可以用偷，这是不光彩的。刚刚你是不是也和以前的我一样，只是想尝尝味道？"听了我这一番话，小敏不好意思地点了点头。"那你吃了几颗糖？老师可是知道这糖果数量的。因为这罐子是老师前些天亲自放在班里，当时在教室托管的同学也都看见了，和老师一起数过，所以你可不能撒谎。我原本就打算在儿童节那天发给大家，作为大家辛苦排练班级节目的小奖励，没想到却发生了今天这件事。"

听到我如此笃定的话语，小敏再也不敢不说话了，便支支吾吾地说了句："6颗。""之前可有像今天这样，偷偷回来过班里，拿过这里面的糖果？"我一说完，小敏也点了点头。

见小敏诚实回答了我的问题，也意识到自己犯了错误。接下来便是与小敏一同寻找解决问题的办法。我温和地对小敏说："老师知道这里面的糖果一定很甜很好吃，很多同学都跟你有一样的想法，很想吃。但是趁着大家都不在偷偷拿糖果的行为，你认为对吗？"小敏听了直摇头。"老师先要表扬你今天的勇敢与诚实，那我们可以用怎样的方法避免今天的事情呢？"小敏听了，也陷入了沉思。

觉察到她的为难，我便语重心长地对小敏说："小敏，老师想要告诉你的是，今天的事情，只有你和我知道，我也不会跟你爸爸说，因为你很诚实。但是老师希望你通过今天的犯错，知道这种偷窃行为的严重性，并且要杜绝事情再次发生。想要吃糖果，首先我们需要用自己的努力去获得，如果一样东西轻易就可以得到，那它一定不会被我们好好珍惜。只有自己付出努力得来的东西，你才会格外珍惜。下次你来兑换小红花的时候，大可以跟老师说，不想要抽小盲袋，想要换一颗糖果。老师一定会同意的，因为我知道这是你通过自己的努力换取的，也是老师对你辛勤付出的肯定。希望通过今天这件事，你可以在今后的课堂学习中，凭自己的努力，在生字认读、课文背诵中勤奋刻苦，来换取老师小小的一颗糖。可以吗？"小敏听了使劲点了点头。

第二天早上，小敏一进门看到我先是不好意思，看到我对她笑了笑，她也跟着笑了笑。课后还特别主动地把之前课堂上没有查完的字典练习拿给我核对答案，并找背诵组长背课文，背完了还不忘拿给我看组长给她盖的印章。

我想，小敏正在用她的努力去获得幸福的"糖果"。

自我反思

这次案例看似不是一个很寻常的教学事件，往往在班主任工作中，也是容易被忽视的。很多时候从其他孩子口中得知学生的偷窃行为，老师只进行简单教育，是不能真正让孩子的错误行为得到更好地引导的。当这一幕是老师亲眼所见时，恰好给老师提供了最佳的教育方式。正面教育理念和相关工具给予老师和孩子很多帮助，不仅缓和了老师和孩子之间僵持不语的局面，还更好地打开了与孩子交流的大门。通过反思行为背后的危害，引导孩子在行为中意识到错误并敢于承认，共同想出妥当的解决办法，让孩子知道只有通过自己的努力获得的糖果才是最甜的。身为老师能够通过自己的力量，引导孩子的行为有所改变，这无疑也是一颗幸福的糖果。

作 者 信 息

姓　　名：温玲玲　　　　　　单　　位：广州市天河区沐陂小学

我的100分是诚实的100分

行为关键词：考试作弊

运用正面教育理念：关注问题的解决，而非让孩子付出代价。

运用正面教育工具：

1. 赢得孩子合作的四个步骤。

2. 积极的暂停。

3. 召开班会。

行为描述

　　小学生处于品德发展的重要阶段，行为易出现偏差和反复，考试中为了拿高分，有的学生会铤而走险，例如偷看前后左右同学的答案。因为没有被老师抓到，也没有被同学发现，有时候即使被同学发现了也不会被告发，所以有的学生会有侥幸心理。诚信是一个人的道德底线，引导孩子养成诚实守信的品质，并具有分辨是非的能力，作为老师责无旁贷。

情景案例

　　数学课上，我表扬了前一天小测取得满分的同学，考满分的同学站起

131

来了，顿时教室里响起了雷鸣般的掌声，大家都投来了羡慕的眼光。

突然，一个声音从课室里传过来："小辉同学的100分是抄来的。"掌声戛然而止！另外一个声音也喊出来了："小辉同学考试的时候是抄袭的，抄我的，老师！"……讨论声、指责声不绝于耳。只见小辉同学的脸涨得通红，双唇抿得紧紧的，愤怒地站起来了，掷地有声地回应："我没有抄袭，这是我自己做的。"又有同学回应："是抄来的，我也看到，他有看同桌的。"小辉更生气了，眼泪哗啦一下掉下来了，双手拿起桌上的试卷揉捏着，趴在桌子上号啕大哭。其他同学还在小声地指指点点，我感觉继续这样下去，场面会一发不可收拾，刚好下课铃响了，我示意下课，让同学们都先休息。

小辉还是很激动，满脸通红，脸上的泪痕清晰可见，因为我一直都没有批评他，只是听着同学们和小辉各自的描述，所以小辉对我也没有什么敌意。我轻轻拍拍小辉的肩膀，牵着他的手离开了课室，他也没有甩开我的手，我感觉这是好的开始。生气批评解决不了问题，此刻我想起了正面教育的基本理念之一：关注问题的解决，而非让孩子付出代价。来到办公室，我让小辉坐下来，他依然很不开心，还在抽泣、抹眼泪，眼睛看着窗外，抿着嘴唇，很委屈的样子。如果我马上批评他，据我了解，以他的脾气可能会马上冲出去，所以我得想另外的办法。这时我的脑海里浮现出正面教育的一个工具：赢得孩子合作的四个步骤。

要处理问题先处理情绪，首先要表达对孩子感受的理解。我说："小辉，我知道有的同学在全班40个同学面前说你作弊，让你很不开心、很生气，我理解你的心情，我小时候也曾经被同学冤枉了，那时我也感到很难过。"

小辉听到我没有批评他，戒备心放下了一点，但仍然挺生气的，红着眼圈说："我不知道，总之我没有抄别人的答案。"

接下来想要赢得孩子的合作，要表达对孩子的同情（同理心），让孩子知道老师是站在他那一边的，是爱他的，拉近和孩子之间的距离。我说："你平时成绩挺好的，我也相信这100分是你的真实成绩，可是我们现在想想，应该怎么看待同学们说的问题呢？"

小辉说："他们冤枉我，看我不顺眼就冤枉我。肯定是这样！"我知道，想让他回想起考试的场景并且承认自己的错误，是需要很大的勇气的。

我想接着要告诉孩子老师此时的真实感受，老师的感受也很重要。我说："我也感到很疑惑，很难过。那有没有可能是你考试过程中做过一些动作让别人误会了呢？"

小辉低下了头，双手拽着衣服角，说："我有一题是看过同桌一眼，可是我没有抄，因为他也没有写，然后我就继续思考，就想出解题思路了。"

我松了一口气，找到了原因，接下来应该和孩子共同寻找解决问题的办法，而不是让孩子付出代价。我说："我相信你，你只是看了一下同学的卷子，但是并没有抄，的确是同学误会你了，以后怎样才能避免类似事情的发生呢？"

小辉想了一下，说："即使遇到不懂的，也不抬头看同桌的试卷。"

我给他竖了大拇指，点点头说："嗯，这个办法不错，那我们能做点什么来改善现在这个状况呢？"

小辉自信地说："让我再做一次试卷，证明给他们看这是我真实的水平。"

我又给他竖起大拇指，说："好，我给你一份空白卷，那下节课你愿意在全班同学面前澄清一下这件事吗？"小辉说："当然愿意，能不能我先写出来，再读给同学们听？"我说："当然可以。"

我松了一口气，事情得到了基本的解决，小辉第二天也在班里陈述了一遍这件事，题目是《我的100分是诚实的100分》。我也和同学们说：每个孩子都会犯错，犯了错不要紧，勇敢改正就好。几个冤枉了小辉的同学也站起来，走过去和小辉握了握手，从孩子们脸上的笑容看得出来，从这件事情中大家都得到了成长，错误是学习成长的好时机。

后来我利用这次契机开展了一次题为《犯了错也没关系》的圆圈班会

课，引导孩子们思考：如果犯错了，我们自己应该怎么做？同学之间应该怎么看待这个问题？同学们纷纷谈到每个人都会犯错，我们不能只盯着别人的错误，不应该嘲笑别人的错误，应该给别人机会改正，改正了错误还是好孩子。随后我与孩子们一同阅读《犯了错误，没关系》的绘本故事，引导孩子们不惧怕犯错误，同时要学会理解他人的错误，接纳自己的不完美，也接纳他人的不完美。如果遇到同学犯了错误，要懂得伸出援助之手，主动关心和帮助他人，少点指责，多点鼓励，班级才会更加温暖，才会有更多积极的正能量。遇到问题，学会"关注问题的解决，而非让对方付出代价"，班会课让孩子习得了处理问题的方法，也提高了班级和孩子们解决问题的能力。

自我反思

让孩子自己解决问题，比老师生硬地说教更管用。案例中的事件本身是稀松平常的，作为老师，尤其是班主任应该都会遇到学生被怀疑、被冤枉的事情，但是老师并没有简单地说教或一味地安抚，而是自觉运用正面教育的工具——解决问题的四个步骤，认同孩子的情绪，引导孩子反思行为，不仅让当事人主动选择解决问题的方法，而且让全班同学都受到教育。师者，传道授业解惑，我们处理孩子之间发生的事情，要先处理好孩子的情绪问题，其实也是给孩子做示范，让孩子习得处理事情和情绪的方法。

作者信息

姓　　名：范秀红　　　　　　单　　位：广州市天河区华阳小学

爱要让你看见

行为关键词： 乱摔东西

运用正面教育理念：

关注问题的解决，而非让孩子付出代价。

运用正面教育工具：

1. 在解决问题之前先要冷静下来。
2. 用启发式问题帮助孩子探讨他们的选择所造成的后果。
3. 利用家庭会议或班会来解决问题。

行为描述

小学生活泼好动，难免会磕磕碰碰而闹矛盾，从而产生委屈、难过、伤心的情绪，但又不懂得如何处理情绪和解决问题。老师要学会尊重孩子，站在孩子的角度去体察他们的感受，接纳他们的情绪，并引导他们思考如何解决问题。

情景案例

语文课上，同学们正在认真地听课。突然，从课室座位后排传来了断断续续的哭泣声。谁在低声哭泣？我循声望去，原来是小林，他低着头，泪水模糊了他的双眼。

为什么小林在上课的时候哭呢？是不是跟同学相处时受委屈了？我正想对他说不要哭了，快听课。话刚到嘴边，我的脑海出现一个念头：要学会尊重孩子，孩子哭一定是因为委屈、难过、伤心等，我们不要去指责他为什么这么容易哭，而要站在他的角度去体察他的感受，接纳他的情绪。"小林的杯子被小郑摔坏了。""小郑欺负小林了。""我也看见了！"同学们纷纷向我告状。

前几天我才教育小郑该如何处理情绪，怎么今天又发生类似的事情呢？我不禁有点生气了。这时，正面教育中"和善而坚定"这几个字出现在我的脑海。是的，作为老师，在遇到孩子挑战权威时，首先自己要从容淡定，不要把自己的愤怒、不安和无助带给孩子。于是，我把食指放在嘴边，示意全班安静下来，同学们停止了说话。我从讲台走下来，慢慢地走到小林身旁，轻轻拍拍他的肩膀低声说："老师知道你很生气，我们下课再来解决这件事，好吗？"得到了理解，小林点点头，渐渐停止了哭泣，情绪也稳定下来了。教室恢复了安静，老师开始讲课，同学们又继续学习。

下课后，我把小郑叫到办公室。他低着头，一脸无辜地坐着。"关注问题的解决，而非让孩子付出代价"，我默念道。记得在《正面教育》这本书中，作者提供了一条行之有效的方法——用启发式问题引导犯错的孩子。当孩子的思想或是行为不恰当时，帮助孩子分析接下来应该做什么，让孩子学会自己分析和总结，帮助孩子选择最佳的解决方案。于是，我试着用启发式问题和小郑进行了讨论。

首先，我表示理解孩子的想法："同学们说你欺负小林了，你一定很不开心，能跟我谈谈这事吗？"

小郑听到我没有批评，慢慢抬起头，嘟着嘴巴说："下课的时候，小林和小东在玩，小林推了小东一下，小东就撞到我了，我生气了，就把小林的书包扔在地上，包里的水杯就摔坏了。"

"能把事情的经过清清楚楚地说出来，这是你最大的进步。"听到了鼓励，孩子的面容有了一丝的轻松。

"水杯摔坏了，小林很难过，你有什么想法呢？"我慢慢引导他。

小郑的脸上刚出现一丝惭愧，又开始抱怨："他们两个你推我，我推你，撞痛我了。"

原来小郑的心结还没有打开，我继续引导："你认为他们是故意的还是无意的？"

"无意的。"小郑低声说。

我继续说："说得对。如果有一天，你不小心碰到别人，别人就马上把你的文具扔到地上，甚至摔坏你的东西，你会是什么感受？"

"一定会很生气！"小郑承认他会很难过。

我接着慢慢说："哦，会生气！那现在你能体会到小林的心情了吧！你打算对小林说些什么、做些什么来弥补呢？"

小郑摇摇头，一脸的茫然。

我又继续说："小伙子，每个人都会有犯错误的时候，孰能无过？可以把错误当成学习的机会，并尽可能弥补过失。老师相信你是一个解决问题的小能手。细心想想，如果你不小心碰到别人，别人就马上把你的文具扔到地上，甚至摔坏了东西，他要怎样做才会让你不再生气呢？"

小郑说："如果他对我说对不起，我就原谅他。"

我说："除了道歉，还有吗？你还希望他怎么做？"

小郑想了想，继续说："我还希望他能把摔坏的东西还给我。"

"孩子，你刚才说的都是解决问题的好主意。你愿意为小林这么做吗？"我对小郑的想法给予肯定。

这时，小郑又低下头不说话了，看得出来孩子有点不太乐意。我摸摸孩子的头，鼓励他说："老师理解你的心情，这件事的确有点儿难，只有勇敢的人才能迈出这一步。但如果你做到了，一定会很开心的！你是要老师和你一起去，还是自己去找小林说？"

"我自己找小林说。"小郑的脸色舒展开来，转身就向教室走去。

回到教室，小郑主动向小林道歉，并承诺要还小林一个新杯子。小林原谅了他，事情到此告一段落。

下午，我又找到班上相邻座位的学生询问事情进展，并得到了积极的反馈。第二周，我在班里开展一次以"宽容"为主题的班会。我运用教育戏剧的方式，通过动漫人物的故事模拟了这件事情，并请同学们进行评判。当同学们陷入思考时，意想不到的事情发生了，小郑突然站起来走上讲台，对同学们说："看了这个戏剧，我想到了前几天和小林之间发生的事情，现在我郑重向小林道歉。我保证，以后遇到事情会冷静思考，不做冲动的事，请同学们做监督员，随时提醒我。"小林当即接受了小郑的道歉，并呼吁同学们要做一个懂宽容、会换位的人。两位同学握手言和之时，同学们热烈地鼓起掌来。从小林、小郑的眼里，从孩子们的脸上，我感受到宽容友爱的意识已经融入每个孩子的内心。

"爱是一种伟大的力量，没有爱便没有教育。"爱，是学生成长的源泉。正面教育就如一把钥匙，帮助我们打开爱的大门，它告诉我们：爱就是"和善而坚定"，爱就是关注于解决问题，爱就是有效地运用鼓励。

自我反思

用启发式问题引导犯错的孩子，不是简单直接地教给孩子不要做什么，而是当孩子的思想或行为不恰当时，帮助孩子分析接下来应该做什么，让孩子学会自己分析和总结，帮助孩子选择最佳的解决方案。当学生之间发生矛盾时，我们可以利用正面教育的工具——启发式问题，例如：发生了什么事？你们有什么感受？你们认为是什么原因造成的？你们对于解决这个问题有什么好主意？学生们在思考启发式问题中，不仅学会了解决同学之间的矛盾，还培养了判断的能力、推论的能力和承担责任的能力。

作 者 信 息

姓　　名：邱子鹰　　　　　　　单　　位：广州市天河区石牌小学

感谢"调皮"的你

行为关键词：爬树

运用正面教育理念：关注问题的解决，而非让孩子付出代价。

运用正面教育工具：赢得孩子合作的四个步骤。

1. 表达对孩子感受的理解。

2. 表达对孩子的同情，而不是宽恕。

3. 告诉孩子你的感受。

4. 让孩子关注如何解决问题。

行为描述

小学生对世界还充满着很多的未知，所以好奇心特别强，也因此很喜欢去尝试探索新鲜事物。但也由于他们认知的缺陷，胆大的孩子可能"铤而走险"，例如，翻墙、爬树、攀越栏杆等。

安全教育无小事！我们既要保护孩子的好奇心和探索精神，又要科学地引领和约束，让他们在保护好自己的前提下探索未知。

情景案例

三年级时班里新转来一个同学，他特别调皮。

第一个星期，新环境适应期还没结束，他已经敢拿着玩具水枪去喷教室监控了。收到举报，我着手处理这件事，开始他极力狡辩。于是我又询问了班上其他同学，很快就有不少同学指证他。他眼看没法逃过去了，顿时眼泪汪汪地承认了，说"只是觉得好玩，保证以后不敢了"。我当时觉得，他胆大却还知道害怕，哭着做出保证，应该还没调皮到不可救药的地步，就信了他，也觉得他以后应该会收敛一些……

但好景不长，他很快又找到新乐子。一天中午，我经过操场，发现他居然趁大家在教室吃午饭的空档，爬到操场的大榕树上玩耍去了。

安全无小事！我赶紧走过去叫他下来。但是他却嬉皮笑脸地对我说："老师，没事的，这点高度对我来说，就是小菜一碟！"开始我坚决不同意，就怕有个万一，自己也得承担责任。但他却坚持说："老师，你就相信我一次嘛！我保证不会让自己受伤的。"

我观察了一下那棵榕树的大枝丫，非常粗壮，成年人都合抱不过来，十分结实，关键是枝丫还不高，只有一米多一点，上去下来都没难度。

究竟该不该放任他爬呢？我心里也犯难。阻止他吧，依我对他的了解，如果我逼着他下来，他以后肯定还会偷偷地去爬！不阻止吧，没约束，他会更有恃无恐。最终我给他提了一个要求："想爬也可以，但必须答应我一个要求：务必要注意安全，不能让自己受伤！否则以后就再也不给爬了！我会让学校把树围起来。"

听到我同意的话，他开始还有点意外，连问了几个"真的吗？"，可能是没想到我会同意他的请求吧！转而他就高兴地答应了，还不忘调皮地回应我："请首长放心，保证完成任务！"

其实，我这样做，说不担心是假的。但转念又想，自己小时候不也喜欢爬树吗？小孩子好奇心强，我不能因为怕出安全事故就处处设防，让孩子都没了野性，没了闯荡的勇气！而且等他好奇心没了，自然也就不会再爬了。

后来连着几天，我也不自觉地留意那棵树及树上"藏匿"的他，心里毕竟有点忐忑，希望他不要出意外。幸运的是，他没有让我失望，从没有让自己受过伤，而且正如我猜想的一样，他去爬的次数越来越少……

很快过了一年，我也没再看到他爬树了。但是有一天，"爬树"这件事又出现了，不过这次是出现在作文里头。四年级第一单元作文《我的乐园》，不少孩子都写了《游乐场是我们的乐园》，而这孩子却写了《学校的大榕树是我的乐园》，让我眼前一亮！下面是我截取的片段：

……爬学校大榕树的时候，发现树杈的凹槽隐秘处有一个小鸟窝。它做得非常别致，是由一些树叶、细干草、细树枝等构建而成的温暖小窝。这是我第一次见到真实的鸟窝，感觉真奇妙啊！难怪大课间做操时能看到那么多的小鸟飞来飞去、叽叽喳喳唱歌呢！原来他们的家就在这棵大树上呀！

在大树上我还发现过小小的蚂蚁整齐地排着长队爬上树干，嘴里还衔着碎小的白色食物。他们这么忙碌，是不是在准备一个盛大的晚会呢？唉！要是我能变成一只蚂蚁就好了，这样我就能去参观一下他们的晚会、他们的家了，那一定有趣极了……

大树，还是我在捉迷藏游戏中的制胜法宝，同学总是以为我凭空消失或者遁地了呢！哈哈，那是因为他们还不知道我有个秘密基地。他们无奈又钦佩的目光总是让我特有成就感。

还有一次，我爬树被刘老师发现了，我本来以为老师会禁止我爬树，没想到在我的哀求下，刘老师居然答应让我继续爬树。不过他有个条件，要我不能受伤，否则就要把树围起来。所以，为了能享受到更多爬树的乐趣，我每次都小心翼翼地爬，不让自己受伤，不让老师担心。久而久之，我已经熟能生巧了：一攀、一爬、一撑，三秒就能稳稳上树，身轻如燕！我知道那是因为我的身体越来越灵巧了！同学都说我是猴王转世。嘿嘿！我感觉自己都有做特种兵的潜质了，如果有一天梦想成真，这可真得感谢这棵大榕树，哈哈！

看着这篇从心底流淌出来的文字，我内心非常感动，我真切地感受到了这棵大树带给他的快乐和美好的回忆……

同时我心里也庆幸，幸好当初没有一味怕承担责任，就简单粗暴地喝止，扼杀了孩子的乐趣，让孩子少了一段美好的童年回忆！

平时，偶尔会看到一些家长、老师或部门，为了防患于未然，不让孩子课间奔跑跳跃、不让攀爬健身器材……各种不准！但孩子还是会偷偷去跑、去爬，屡禁不止。

所以，我要感谢这位"调皮"的同学，他给我上了宝贵的一课。它告诉我：不是所有大人眼中的"危险"行为都必须明令禁止，我们还可以因势利导，正面引领。例如这次满足孩子爬树的体验教育，也让孩子形成了正确的安全意识和生活观念，正如孩子作文里所写"为了能享受到更多爬树的乐趣，我每次都小心翼翼地爬，不让自己受伤，不让老师担心"。

自我反思

一颗童心，弥足珍贵！我们不能随意扼杀。安全教育从本质上讲还是生活教育，是在生活中感知的教育。学校在孩子成长过程中可以给予适度的安全保护，却不能过度地防护，替孩子消除所有安全风险。过度保护是"教条主义"的安全教育，是以安全为名的"圈养"。这样的"保护"，反而会导致学生安全意识薄弱、自我保护能力低下、身体素质退化。

学生终有一天会走出校园，走进社会。社会的环境可比校园复杂严峻得多。在社会这个大课堂里，没有谁能时刻为他们打造一个遮风避雨的安全港湾、筑一道安全的防火墙，他们又如何能在短时期内适应复杂而充满变数和风险的社会环境呢？

所以，我并没有简单粗暴地制止这位胆大调皮的同学爬树，而是运用正面教育的理论——关注问题的解决，而非让孩子付出代价。我先表达出对孩子感受的理解，而不是宽恕；告诉孩子我的感受，让孩子关注如何解决问题。最终让孩子明白：注意安全，我们可以享受美好生活的更多乐趣。这也让我明白了，教育不是死板的教科书，而是随时需要变通的一门学问。

作 者 信 息

姓　　名：刘中梅　　　　　单　　位：广州市华颖外国语学校

"变"出合作的"火烧云"

行为关键词： 课堂离位

运用正面教育理念： 关注问题的解决，而非让孩子付出代价；孩子感觉好的时候，表现才会好。

运用正面教育工具：

1. 做出乎意料的事情：避免做出冲动的行为，要通过做一些出乎意料的事情来引起学生的注意和兴趣。

2. 幽默感：帮助扭转困难的情形，摆脱"战斗还是逃跑"的思维。

3. 致谢：关注做了什么以及怎样帮助了别人。

4. 鼓励：关注的是努力和进步，而不是完美。

行为描述

三年级小学生基本知道课堂纪律与规则，有人做出随心所欲地离位的行为，不仅是因为学习适应性不良，缺乏学习兴趣与目标，注意力不集中，更是希望吸引班级师生的注意，证明自己的"权力"。学生有了内驱力才会养成良好的学习习惯，老师需要以柔克刚，和善而坚定地引导寻求"权力"的学生在课堂中专注学习。

情景案例

　　新学期，小成变得随心情喜恶听课，违纪行为越来越多，尤其是经常离位。如果老师和同学批评他的语气稍重，他就会发怒，进行激烈对抗，久而久之，大家都对他小心翼翼，却又无可奈何。寻求"权力"，使他与集体离得越来越远。

　　一天下课后，英语老师回到办公室说："梁老师，今天小成同学在课堂继续当'蜘蛛侠'，表演了'飞檐走壁''钻桌滚地'，忙得不亦乐乎，你上课前先做好心理建设哦！"按捺下想找他过来教育一番的冲动，我深呼吸，再次提醒自己避免陷入"权力之争"，我需要想想有什么新办法解决问题。

　　果然语文课上小成还是像往常一样拿起《淘气包马小跳》津津有味地阅读，而全班同学也习以为常。我一边讲着《火烧云》，一边偷偷关注着他，时不时走到他身边，提醒他收起课外书并认真听课，但他好像没听到似的，仍然看得很"入迷"。当讲到"火烧云变化极多，一会闪现，一会模糊。一转眼消失了，一转眼又出现了"，我刚好环视到小成的桌位，却没有看见他的身影，难道是溜出去了？我紧张迅速地再瞄一眼，才松了一口气，原来他躲在课桌底下。愤怒与无奈奇迹般消失，我反而平静下来，好奇地想：他好好地看着书，为什么突然就躲在那里呢？他的行为出乎我的意料，那我能不能……

　　我灵机一动，手搭凉棚，环视课室一周，满脸疑惑又表情夸张地问："咦！小成同学呢？"其他同学异口同声："他'消失了'！"谁知，小成立马就站起来，不好意思地笑了笑，坐回椅子上。这时，同学们都觉得很好玩，说："他又出现了！"他下意识地低下头，想躲避同学们的目光。我迅速走到他身边，高兴地说："小成，谢谢你的配合，把火烧云变化极快的情景演给大家看了！"说完，我伸出手，向他击掌致谢，教室内也回荡着雷鸣般的掌声。之后，他悄悄地把手中的鞋子放下，双手放桌面，端端正正地坐在座位上，认真地听完后半节课。我越讲越带劲，全班听得如痴如醉，同学的发言妙语连珠。

除了致谢，表达关心与鼓励也是唤醒孩子灵魂的良药。下课后，小成同学就主动来到我讲台旁，问："梁老师，下节课还是您的吗？""不是呢。""那我帮您把堂听本搬到办公室吧！""好呀！谢谢你！"在回办公室的路上，我对小成说："听英语老师说你拽着窗帘爬上窗台，这有点危险哦，你觉得呢？"小成脸一红，低头说："是的，挺危险的。""不过老师说，她一提醒你，你就马上下来了，并且还主动举手读课文对话。她还说你英语发音很准，希望你能多在英语课上积极发言，好好听课，可以吗？"他眼睛亮了，羞涩中带着自豪说："因为我天天在家里打卡读英语。"天哪，这是他第一次主动说出自己为学习所做的努力！"哇，给你点赞！"我欣慰地摸了摸他的头。

接着，我好奇他对自己的评价，说："小成，在刚刚语文课上的表现，如果10分是满分的话，你给自己打几分？"他说："5分。"我又问："扣掉的5分是怎么回事呢？"他回答："我在课堂上看课外书扣2分，不顾老师的提醒扣1分，钻桌底脱鞋子扣2分。"我听了后感到很惊讶，原来孩子一直都知道自己的行为表现，现在还能反省并坦诚地说出来，我就顺势说道："下节课是数学课，看看你又给自己打几分，好吗？"第三节课后，小成同学兴冲冲地跑来办公室向我报告："梁老师，数学课我给自己打8分。"我说："看来你这节课上得很开心，是吗？""是呀，老师还请我上黑板做题，我都会做，她还表扬我了！""老师我也很开心，因为看到你这么高兴，那希望你以后每节课都争取拿到8分，好吗？"他说："谢谢，梁老师，我还要努力拿10分的！"

这一天下来，所有的任课老师都感到奇怪，说："今天小成同学的心情很好，我们大家上课也很舒服！"同学们也纷纷告诉我："小成今天的课堂表现好棒啊！""他的进步真大！"我想，这是由于小成在《火烧云》一课"变"出了老师与全班的肯定，终于激发出学习动力，呈现愿意合作的姿态，令自己与大家欣赏到了如火烧云般美好的蜕变。

自我反思

　　对于小成这种敏感、好动又容易情绪失控的学生来说，老师先要理解错误行为背后的目的，专注于解决问题，再冷静地寻找契机，怀着幽默感做出乎学生意料的事情，将错误行为巧变为有价值的贡献，这样不仅引起了学生的注意和兴趣，还化解了尴尬和矛盾。当学生感觉好又做得好的时候，老师的及时致谢与鼓励为学生赋能，加强师生连接，从而唤醒了一个"装睡的人"，使学生愿意合作，重塑良好的学习习惯。在拨开迷雾见青天的刹那，老师也享受到了教育成功的价值感，和善与坚定并行的美妙。

作者信息

姓　　名：梁小芹　　　　　　单　　位：广州市天河区四海小学

"捣蛋王"逆袭为"小班长"

行为关键词： 故意捣乱

运用正面教育理念： 一个行为不当的孩子，是一个丧失信心的孩子。

运用正面教育工具： 关注培养孩子的归属感和自我价值。

行为描述

小学生处于行为习惯培养和自我意识发展的重要阶段。捣乱是小学生常见的不良行为之一，不仅影响他人，也影响班风。捣乱行为的背后往往是为了寻求过度关注。遵守纪律是学生的基本要求，培养学生良好行为习惯是老师的责任，当老师理解捣乱行为背后的原因时，方能更有效地处理这类情况，也能更好地帮助学生端正不良行为。

情景案例

仅在课间休息的十分钟里，我已经收到了几位同学对小杰的投诉："老师，小杰插队。""他把卫生间的门关上不让我们出来，灯也被他关了。""老师，小杰他打我。"我收到同学们的投诉后立刻找到小杰，并对他进行教育。

其实不只是课间，课堂上的小杰也不让人省心，扔纸团、离开座位、抢同学的文具等情况经常发生。以上种种行为都指向小杰是一位"捣蛋王"。小杰的捣乱已严重影响其他同学，虽然他很喜欢跟同学玩，也希望加入他们的游戏，可是同学们都不愿意靠近他、接纳他。尤其是课间，小杰处于"放飞自我"的状态，到处跑，也到处惹事，我得不间断地处理同学对他的投诉。我不可能每时每刻都盯着小杰保证他不违反纪律，也不可能每当他犯错时都这么教育，这时的我很苦恼，该怎么办呢？

一个行为不当的孩子，是一个丧失信心的孩子。经过认真思考并查阅正面教育相关书籍后，我觉得小杰可能缺乏爱和自我肯定，他可能也是在给我们释放寻求关注的信号，这时我才恍然大悟。对待寻求关注的孩子，请他参与一些有建设性的事情是很好的办法。

第二天下课铃一响，小杰跟平日一样飞速地跑出课室，我叫住了小杰，走到他跟前，搭着他的肩膀，弯下腰温柔地说："小杰，请你帮个忙可以吗？我觉得全班只有你才能帮上我这个忙。"

小杰十分意外，高兴地说："好呀，老师要我做什么？"

"跟我来办公室就知道了！"

平日里小杰来办公室都是因为犯了错，而这次是要来帮忙，小杰迈着欢快的步伐跟着我上办公室去了。

来到办公室后，我故作神秘小声地对他说："我看你力气大，个子高，我也注意到你打扫时动作很利索，我打算从今天起聘你为办公室小管家。"我请小杰参与一些事情，给予他关注，为的是让他得到归属感。我接着说："每到课间你上来完成任务，完成后我给你奖励金币，如果一天内每个课间你都坚持来了，那还有额外的金币，你攒到的金币可以换专属的奖励哦。"

"哇！太棒了！老师，我可以的！"小杰说。

小杰开心地接受了这个任务，并迫不及待地写下他能做的事，接着我们一起商量了设置什么奖励。例如：10个金币可以和老师一起吃饭，20

个金币可以获得一次向家长打电话表扬的机会，50个金币可以当小班长一周。这些奖励都是小杰和我一起商量的，我充分尊重他的想法，他也十分期待能获得这些奖励。

于是"捣蛋王"小杰开启了他的"打工之旅"。

第一天，小杰可能还没适应，上午的课间他只来了一回，其余时间都玩去了。我找到小杰，和善而坚定地跟他说："小杰，这是我们之间的约定，我需要你，我希望你每个课间都能上来。"小杰若有所思，点了点头。孩子改正不良行为并不是一朝一夕的事，我们必须要花时间引导孩子。

接下来的几天里，每到课间我都留意小杰有没有来办公室。如果他忘了，我就到课室里提醒他。"小杰，你记得课间要完成什么任务吗？""小杰，我理解你想玩的心情，你完成任务后再去玩，好吗？"渐渐地，小杰不需要我的提醒，他也能按时上来，而且动作越来越迅速。花时间引导孩子，一步一个脚印，每天进步一点点。

孩子需要鼓励，就像植物需要水。每次看到小杰劳动，我都会给予肯定和鼓励。"小杰，你能把雨伞排整齐，你真用心，送你一个拥抱。""小杰，你能注意到这个卫生死角，你是一个多么细心的孩子呀！""小杰，你每个课间都有上来，果然当初老师选你是正确的！有你的帮忙，我真开心！"在这过程中，我确保爱的传达，让小杰感受到老师的爱，增强其归属感。

小杰在这期间捣乱的次数少了，同学对他的投诉明显也减少了，同时他劳动也很卖力，得到了来自老师的肯定，他知道他的付出是能被认可的。这也成为他在班上向同学"炫耀"的资本，不少同学向他投来了羡慕的眼神，于是他越干越带劲了，甚至有同学"劝"他不要干了，去玩吧，他也拒绝了。我发现他逐渐增强了自我价值感。

几周下来，小杰终于达到了他的终极目标——攒够50个金币，当小班

长一周。他迫不及待地把这个好消息告诉办公室里每一位老师，可见他是多么的激动喜悦。我利用班会课的时间给他隆重地举行"上岗"仪式。今天起，小杰就是咱班的"小班长"啦！成为"小班长"后的小杰为了担起小榜样的责任，他逐渐懂得约束自己的行为，扔纸团、抢别人东西的情况少了，还会提醒同学遵守纪律、使用文明用语等。同学们现在都愿意跟他玩，还经常主动邀请他加入游戏，也会倾听小杰的意见和想法。小杰在班级里的归属感增强了，感受到自己作为班集体一分子的重要性，学会友爱待人，班级凝聚力也逐渐增强，这让我非常欣慰。

自我反思

　　每位孩子都渴望得到别人的关注、爱和肯定。面对行为不当的孩子，以暴制暴、打压惩罚只会得到反效果，最终导致两败俱伤。作为老师的我们需要分析他们内心的需求，关注培养孩子的归属感和自我价值，并花时间对他们进行引导。同时，在这过程中，老师要确保爱的传达，让孩子在爱的滋润下成长、感悟，相信慢慢地，他也能学会表达爱，当孩子感觉好的时候就能做得更好了，正面教育是纠正孩子不良行为的良方妙药。

作者信息

姓　　名：戴欣婷　　　　　　单　　位：广州市天河区长湴小学

恶作剧风波

行为关键词： 偷拿笔袋

运用正面教育理念：

1. 犯错是学习的机会。

2. 关注问题的解决，而非让孩子付代价。

运用正面教育工具： 赢得孩子合作的四个步骤。

1. 表达出对孩子感受的理解。

2. 表达出对孩子的同情，而不是宽恕。

3. 告诉孩子你的感受。

4. 让孩子关注如何解决问题。

行为描述

　　小学生处于品德发展的重要阶段，低年级孩子的行为动机和目的常常是具体的和狭隘的，行为是简单的和不稳定的，并且逐步向复杂的和稳定的方向发展。偷拿别人的东西，看似是一场恶作剧，实则是偷窃。这是一种严重的行为问题。学生若倾向于满足自己的需要，未能学会克制自己的欲望，则易出现偷窃行为。偶尔的不当行为受到默许或未被揭发，得到强化后，孩子很容易产生侥幸心理，日后就会明知故犯，久而久之，可能会演变成习惯性盗窃。作为老师，我们有责任和义务帮助学生树立正确的道德观念，把偷拿别人东西的行为扼杀在萌芽期。

情景案例

　　中午放学的铃声才打响不久，小葛走进办公室对我说："老师，上完体育课回课室，我的笔袋就不见了。"低年级的孩子总是丢三落四的，一开始，我并未觉得是多大的事儿。我心想：大概是他马大哈把东西乱放，最后放哪儿都想不起来了，或者是掉到地上被同学捡起来放到别处了。于是，我叫她回课室再仔细找找看。

　　过了一会儿，孩子们都吃完午饭了，我到课室里跟进笔袋的去向。小葛难过地说："我翻遍了整个书包、抽屉，还是没有找到笔袋的踪影。"

　　我问在课室里午休的孩子有没有见到小葛的笔袋，并发动他们帮忙一起找，可是依然没有结果。小葛很笃定地告诉我：她去上体育课之前，笔袋还在课桌上，上完体育课回来就没有了。此时我心头闪过一阵不好的预感，但理智告诉我，无凭无据，不能胡乱猜测。到了下午，中午回家的同学也都回来了。于是，我向全班学生说了小葛丢失笔袋的事，并表示，如果哪个同学不小心拿了，希望他能悄悄把笔袋还给小葛，并找我坦白。

　　我等啊等，等到下午第一节下课，事情没有任何进展，我不得不去调看监控录像。从视频中，我很快就知道了事情的真相。原来上完体育课之后，小张第一个回到课室，他很迅速地跑到了小葛的座位上，拿起她的笔袋，塞到了自己的抽屉里。

　　看到这一幕，我真的又气愤又心塞。

　　我把小张叫到了办公室。此刻我能感受到他有一点儿紧张，看得出来他一定是预感到事情要败露了，可是仍佯装镇定。

　　我问他："小张，你有没有话要对我说呢？"

他装出一脸无辜的样子说："说什么？没有啊。"

此时我真是生气极了，很想直接戳穿他的谎言，劈头盖脸地训斥一通。但我马上意识到自己的大脑盖子已经打开，理智告诉我：要冷静，别发火。

我深吸一口气，试着和他建立情感连接。我语重心长地说道："想想看，今天上完体育课之后，你做了什么事？老师知道，每个人都有犯错的时候，老师小时候也做过错事，只要勇敢地面对错误，以后不再犯，那还是个好孩子啊。所以做错事并不可怕，最可怕的是明知有错却不改正。"

他犹豫了一会儿，低着头，红着脸，小声说道："是的，是我干的。"

他的声音很小，可我却听得很清晰。听到他终于开口承认，我心中顿时感到一阵轻松。

我摸摸他的脑袋，欣慰地说："谢谢你主动承认了自己的错误。老师看到了你的勇敢，感受到了你面对困难的勇气。你是个诚实的孩子！"

小张缓缓抬起头，惊讶地看着我，脸上写满了"不可置信"。

我趁热打铁，用"赢得合作"的四个步骤继续引导：

（一）识别孩子的感受，用提问代替猜测

"请问，你为什么要拿小葛的笔袋呢？是想偷走它吗？还是……"

他摇摇头，吞吞吐吐地说："我……我之前看到她有一支很好看的笔，我很好奇，只是想拿来看清楚。"

"既然好奇，为什么不大大方方地向同学借呢？况且，你拿了人家的笔袋，为什么迟迟不归还呢？"

"一开始我只是想拿走她的笔袋偷偷看里面的笔，后来又想捉弄一下她，所以就藏起来了。"

"那你藏了小葛的笔袋，你的心情是怎么样的？"

"一开始很开心、很得意，后来又有点害怕了。"

"为什么会有这样的感受呢？"

"我怕老师批评，我怕大家发现是我藏的，我怕以后班上不见东西，大家都会怀疑是我干的。我不想让别人知道。"

（二）共情但并不宽恕

"老师能体会你的心情，我理解你是一时贪玩搞起了恶作剧，捉弄完别人之后，你开始感到不安，怕别人发现是你干的，所以不敢还回去。但是，你这种偷拿别人东西的行为，确实是不对的。如果别人也悄悄藏了你的东西，让你找不到，你会有什么感受？"

"会很着急，会非常不开心。"他小声地说。

（三）分享我的真实想法和感受

"不管你是出于好奇，还是故意，老师对你偷拿别人东西的行为感到很生气。更生气的是，我给了你很多时间和机会主动坦白，可是你并没有这样做，直到老师去找到你。这让老师很伤心。"

（四）和孩子共同寻找解决问题的办法

"想想看，既然做错了，应该怎么补救呢？"

"马上把笔袋还给小葛。"

"仅此而已吗？小葛会原谅你吗？你还要做什么？"

"不是的，我还要真诚地向小葛道歉，请求她原谅。还有，我以后再也不会随便拿别人东西了。我保证！"

"老师相信你能说到做到。"

我深知"犯错是学习的机会"，偷拿笔袋这件事情上，我们更应该专注于问题的解决，而非让孩子付出代价。显然，小张已经意识到自己的错误，并想办法补救。为了保护小张的自尊心，课后，我悄悄地把两人叫到一旁。小张把笔袋还给了小葛，并向她真诚地道歉，小葛也原谅了小张。从此，小张再也没有偷拿别人的东西，班上也没有再出现类似的恶作剧事件。

自我反思

  在纠正之前先建立情感连接，真诚的沟通能拉近彼此的距离。教师很容易在不询问学生的情况下，就假定自己知道学生的想法和感受。然而，我们都不是合格的读心者。如果当初我对小张劈头盖脸地一通呵斥，可能就会错失了解他的机会，甚至加大我们之间的隔阂。我通过"赢得合作"的四个步骤来促进沟通，去了解学生的真实想法和感受。真诚的沟通和启发式的提问，拉近了我和小张的距离，让他愿意敞开心扉，与我坦诚相待。

  正面教育的理念告诉我们，最适宜的教育契机就是孩子犯错误的时候。孩子在漫长的成长历程中，总会犯这样那样的错误。作为教育者，我们应该做的是专注于问题的解决，而非让孩子付出代价。在这个事件中，我用到了"从错误中恢复"的其中三个"R"，即承认（recognition）、和好（reconciliation）和解决（resolution），妥善地处理了这起恶作剧事件，避免了让恶作剧演变成真正的偷窃行为。这让我明白，我们要觉察"犯错是学习的机会"，接纳学生的"不完美"，从错误中学习，就是教育最好的契机。

作者信息

姓　名：陈艳霞　　　　　单　位：广州市天河区体育西路小学

用"关注"收获"专注"

行为关键词：上课经常做各种小动作

运用正面教育理念：孩子的首要目的是寻求价值感与归属感。

运用正面教育工具：表扬与鼓励。

1. 教孩子自主解决，而不是依赖他人。

2. 鼓励引发自我评价。

3. 表扬让孩子成为"寻求认可迷"。

行为描述

十岁的男孩子小杨基本能与同学友好相处，但课堂上经常不能专心听课，小动作多，影响身边的同学上课，经老师和同学多次提醒仍然我行我素，甚至会对老师翻白眼以示心里的不服气；他会按时完成作业，但每每交上来的作业书写潦草，完成练习时题目错漏多，再次订正的作业质量仍不理想。

情景案例

语文课上，同学们都在认真完成老师布置的练习，整个教室很安静。突然，一声"哗啦"从小杨的位置上传来，所有低头书写的同学都抬起头看向小杨的方向。一个女生拍着胸口，松口气道："吓死我了，还以为怎么了。"另一边则有个生气的声音："真讨厌！我的思路都被打断了！"还有一个不耐烦的声音响起："怎么又是你啊？"……议论声不绝于耳，课室的安静被打破。此刻小杨的桌面凌乱摆放着十几支笔，甚至有几支散落在地上。小杨眼睛扫向几个声音比较大的同学后，低下头，不吭声。我示意同学们安静，继续完成剩下的练习，同时附耳小声提醒小杨轻拿轻放，把桌面和地面的笔都收进笔袋，重新专心完成练习。

批评惩罚解决不了任何问题，可能会让孩子越发沉默，也可能在事情过后让孩子越发反抗。德雷克斯说："一个行为不当的孩子，是一个丧失信心的孩子。"作为老师，我最需要做的，是要了解小杨行为背后的信念是什么，并根据他的错误观念和错误行为采取相应的举措。

所以，我先与小杨建立情感连接，让他能在我的面前很放松，打开心扉和我聊他内心的想法，这样才能从他口中知道他行为背后的信念。下课，我把小杨叫进办公室，让他和我面对面坐下来。我摸了摸他的头说："小杨，当笔掉落的一瞬间，老师从你的表情上看出你意识到自己不该在课上玩笔，你很愧疚，明白自己影响到了其他同学学习，所以在同学们发出议论的时候你低着头，没有反驳，我理解你那一刻的感受。"在我说出这些话后，小杨直直地望着我，微张着嘴，最后又偏过了头，没有出声，手指却在大腿上无意识地揉搓着。我感受到了我和他之间已经慢慢建立了情感连接，他有了倾诉的欲望，只是还欠缺一些火候。为了能让他把心里话宣之于口，我继续表达自己的想法："你知道吗？当我看到同学们的反应时，我很担心你和他们之间的关系会变僵。你能告诉我为什么在课堂上玩笔吗？"面对我对他的关心，小杨终于开口了："我作业做完了，剩下的又不会做，我又没事干，就想叠一下笔塔，看看谁会和我一起玩。"原来这一次他也是想引起其他人的注意，希望有人关注到他。

我继续引导说："你在课上叠笔塔，你觉得会有同学和你一起

玩吗？"

小杨摇了摇头。

我继续启发他："那你觉得在怎么样的情况下才会有同学乐意和你玩？"

小杨："下课的时候玩，上课不应该影响其他人。"

我立马表扬他，并鼓励他思考寻找解决这个问题的办法："看来我们的小杨是一个守纪律的同学，也是一个懂得为他人考虑的孩子。所以，以后在课堂上，当你做完作业或者遇到不会做的题目的时候，在不影响其他同学学习的情况下，你可以怎么做呢？"

小杨："我可以举手问老师我接下来能做什么，或者写纸条问同桌不懂的题目该怎么做。"

我对他笑了笑，继续鼓励他："老师相信你在以后的课堂上做得到。"

在赢得孩子的合作之后，老师还要持续跟进，因为孩子的不良行为可能会出现反复，所以在下一节语文课上，我时刻关注小杨的动态，也发现他按照我们约定的那样，遇到问题就举手，而我也给他及时解决，并鼓励他继续做出这样的良好行为。

小杨举起了手，我示意他站起来。小杨："老师，我想朗读一下《猴王出世》的第二段话。"

我给他竖起大拇指："可以。有感情地朗读能让我们入情入境，更容易理解课文。"

小杨认真地朗读了起来，全班同学也给了他肯定的目光。小杨的表情明显告诉我：他很享受这节课自己的状态。

整节课下来，小杨的学习态度明显认真了，基本没有做出奇怪的动作来吸引同学的注意。他的专注力也提升了，一直保持着认真倾听和有疑问就举手的良好行为，而我也趁机继续鼓励他，他也因为我的鼓励而在课堂上认真思考问题，举手抢着回答，行为表现上做得更好。鲁道夫说过：当孩子感觉好的时候，他们才能做得更好。所有孩子都是如此。在以后的教学生涯中，我要多了解学生，走近学生，正确判断孩子行为背后的信念，从而做出最好的解决举措。

自我反思

表扬，能让学生马上获得良好的感受，但这是短暂的，并不能真正让学生的良好行为长期维持；而鼓励，则能让学生真正看到自己的优点和不足，并认可自己的努力。但学生的发展是动态的，作为老师，除了要熟知正面教育的工具外，还要根据学生的具体情况具体分析，灵活运用这些工具。在本次案例中，学生在课堂上不专心听课，小动作多，无非是想引起老师和同学的注意，希望得到关注。当教师了解学生这种不良行为背后的信念时，除了表扬和鼓励，还运用了授权与干涉的语言、赢得孩子合作的四个步骤，既能根据学生的错误行为做出最好的举措，也能让学生感觉良好，在行为上表现得更好，或许这就是正面教育的魅力吧。

作者信息

姓　　名：张燕芬　　　　单　　位：广州市天河区新元小学

不文明语言风波

行为关键词：不文明语言

运用正面教育理念：

1. 孩子的每个行为都是为了寻求价值感与归属感。

2. 关注问题的解决，而非让孩子付出代价。

运用正面教育工具：班会，赢得孩子合作的四个步骤。

1. 识别出孩子的感觉。

2. 表达出对孩子的理解（同理心）。

3. 表达自己的感受和想法（客观而非评判或指责）。

4. 让孩子关注如何解决问题。

行为描述

　　用不文明语言骂人被视作学生的不良行为，容易造成由点到面的不良影响，是班级管理和教育工作的一大挑战。在环境的影响下，小学生在积累和使用语言的过程中，出现粗言秽语，是客观存在的问题。语言不仅仅是人们用来交流的工具和手段，更是思想的外壳，是心灵的窗户。在小学生守则和规范中也对文明用语有所要求。因此，教师需要正向引导学生辨别不合适的语言及使用不文明语言的后果，让学生学会以积极的方式得到关注、拥有"权力"、处理受伤的感受等。

情景案例

"用不文明语言骂人"这件事情，要从插班生小林来到我们班开始说起。开学几天后，班里就不断有同学来投诉小林骂人、说脏话，伤害了身边的同学，当同学劝说时他便反击，当老师教育时他便消极对抗。从前，我们教室里，从未出现过这种情况。渐渐地，班里的学生也开始学小林用不文明语言表达感受、情绪，骂同学、骂老师，在教室里掀起了一场"不文明语言风波"。

面对"用不文明语言骂人"的学生，老师该采用何种方法来引导呢？批评？说教？在开始运用正面教育工具之前，尽管已经有了4年班主任工作经验，但我依然会受学生的影响，并陷入他所寻求的与他面对面的冲突中，他想引起老师和同学的关注，让课堂为他停下来。后来，我运用"赢得孩子合作的四个步骤"和"班会"的正面教育工具来处理这一问题。

（一）赢得孩子合作，建立情感连接

一次课间，同学们跑来办公室投诉"小林又骂人了，用不文明语言骂的"。我深呼吸，让自己平复情绪，我想我需要好好了解这个孩子。我走进教室，温和地请他在教室外面单独沟通，而不是蹦出"你怎么又骂人了"的话语。在教室外安静的一处地方，我尝试去识别小林此时的感受，心平气和地问他："发生了什么？"他眼里充满着怒气，说："就是玩的时候，是他们先弄疼我了，我就骂了一句脏话，他们就说要报告给老师。我很生气，又骂了几句。"我看着他的眼睛，回应说："你觉得疼，所以才说了不文明语言，想让他们停下来。然后你又觉得很生气，是因为他们去投诉，对吗？"听了我的回应，他看了看我，点了点头，似乎发现老师的语气和眼神与往日不同，眼睛里的怒火也渐渐熄灭了。顺势，我请他坐

下来，与他进行了真诚的交流。

原来，他在原先的班级里，要好的同学都会用不文明语言来表达情绪；来到这里后，同学们就因此疏远他、投诉他，而老师也批评他，他不知道自己做错了什么，觉得自己不属于这个班。他很难过，也很生气，于是决定反击，既然同学们不喜欢这些话，那就用这些话骂回去。了解他的感受和行为的原因之后，我真诚地表达出对孩子的理解和同情："小林，听了你的话，我终于理解你了。"一瞬间，孩子眼圈红红，知道我在关注他的感受，放下了戒备心，不再消极对抗。

这时，我也对他表达自己的感受和想法："小林，你知道吗？当听到你用不文明语言骂人时，我一开始是生气的，到后来更多的是对你的担忧，是因为这种行为，既不利于你做一个文明有礼的学生，又会让其他同学继续疏远你，影响你和同学之间的关系。但其实，你是很希望融入班集体的，对吧？"小林思考了一会儿，点了点头，眼里含着泪水。此时，从他的眼神中，我感受到的不再是他的抱怨、委屈、愤怒，而是在寻求帮助。我知道，此时我与孩子的情感开始连接起来了。于是，我接着用启发式语言问："关于这件事，你有什么解决办法吗？"我与他一起关注该如何解决问题。他想了许久，最后主要说了两个办法：一是先向那几位同学解释自己骂人的原因并跟他们道歉；二是以后想生气骂人时就用深呼吸来控制自己。这是我们第一次真诚而平等的对话。

他愿意道歉，当时就得到了同学的原谅，这对改善同学关系有很大的帮助。而深呼吸这个办法让他开始了自我控制，减少了与同学之间的矛盾。虽然有时候他还是没能控制住自己，但对比一开始的情况，他已经进步了很多。

（二）班会共寻方法，游戏培养共情

"用不文明语言骂人"的现象，有一段时间是"蔓延"至班里部分同学，形成了由点到面的不良影响，因此，正面教育活动也从点到面地开展

着。面向全班同学，我开展了"拒绝不文明语言"相关的班会课，通过头脑风暴的方式，让全班一起想出可接受的表达强烈情感的声音或词语来代替不文明语言。同时把"文明用语，互相尊重"添加进班级公约里，并用显眼的颜色和字体予以强调，让全班同学互相提醒，如果有人违反公约，则在平复心情后领取一个任务——真诚地向班里同学和老师说一句赞美的话语。

另外，我还组织开展"守护天使"的游戏。这个游戏得到了全班学生的喜欢，小林同学在守护与被守护的过程当中收获了关爱与归属感，渐渐地融入班级，而其他同学也成长了不少，学会彼此尊重，友爱互助。

渐渐地，小林减少使用不文明语言，班里的不良风气不再盛行。文明用语，让大家的关系更融洽了。

自我反思

在案例的回顾中，我在观念上和方法上都有了新体会。

一是观念上重新看待不良行为。通常，我们很容易把缺乏意识的行为，以及发展适宜性行为、因失望而产生的行为，看待为"不良行为"。但其实大多数时候，小孩子做出的只是与其年龄相称的行为，其背后都有着各种诉求和目的，而孩子自己意识不到。最惹人讨厌的孩子，往往是最需要帮助的孩子，因此，这就需要我们重新看待不良行为，学会识别行为背后的目的和信念，这样才能有效地帮助孩子改变不良行为。

二是在教室里行为问题的处理方法上，正面教育告诉我们，其实想要赢得孩子的合作并非难事。首先，要识别出孩子的感觉；然后真诚而友善地表达对孩子感受的理解和同情，并告诉孩子我们的感受，此时我们与孩子的情感就连接起来了，孩子也就愿意听我们讲话了；最后让孩子一起关注该如何解决问题。在解决问题上，比起让孩子长记性，让孩子感受到爱和关心更重要，这是孩子的内心需求。这样，班级的行为问题，就能在保持相互尊重的前提下得到有效的处理。

作 者 信 息

姓　　名：姚泳仪　　　　　单　　位：广州市天河区石牌小学

被打碎的玻璃罩

行为关键词： 砸坏教具

运用正面教育理念： 错误是学习的好机会。关注问题的解决，而非让孩子付出代价。

运用正面教育工具： 赢得孩子合作的四个步骤。

1. 表达出对孩子感受的理解。
2. 表达出对孩子的同情，而不是宽恕。
3. 告诉孩子你的感受。
4. 让孩子关注如何解决问题。

行为描述

　　小西同学性格比较敏感，非常在意别人对他的看法和态度，如果感受到别人对他的否定、不认可、不尊重，他的情绪极易崩溃。尤其升上六年级之后，他明显表现出"冲动倾向"，一点小事就乱发脾气、大哭大闹、撕坏本子、砸坏物品。这种"冲动倾向"如果不能通过正确的方式或积极的渠道来进行疏导，学生就会不自觉地用消极的、具有破坏性的行为方式来宣泄。这样不仅影响班级秩序，导致学生人际关系紧张，甚至可能伤害到他人。作为班主任，对学生所表现出来的冲动行为，要及时给予干预和引导，帮助学生认识到冲动行为可能带来的不良后果，引导学生采用积极的方式去解决问题，有意识地控制自己的冲动行为。

情景案例

周四上午的第三节课是美术课，刚上完两节语文课的我，正在办公室埋头批改作业。这时，我们班的一位男生急匆匆地跑进来，连"报告"都忘了喊。

"郑老师，美术老师请您去班上一趟。"

我疑惑地看向他："发生什么事情了？"

"小西刚刚把其他小组的玻璃罩砸在地上，玻璃碎了一地。"

我立马紧张地从椅子上站起来，急匆匆地向教室走去，一边走一边询问情况。

"没有人受伤吧？"我最担心的还是学生的安全，万一有孩子被玻璃划伤……我的心悬了起来。

"玻璃罩就在我的脚边碎裂开，四散飞溅，幸好我穿的是长裤。小丁说感觉到有玻璃从他眼角飞过，还好没有伤到他的眼睛。"听到这些话，我悬着的心落下了一大半。但想到其中的危险，我内心的怒火又噌噌往上涨。这小西，总是这么冲动和情绪化……万一真伤着同学可怎么办？

还没走进教室，便听到小西在发脾气，一边哭一边声嘶力竭地控诉："都是小平的错，是他先打我的！我是自卫！根本不是我的错！你们都不听我解释，你们都瞧不起我！"

旁边传来另一个愤愤不平的声音："你们有矛盾，凭什么打烂我们小组的玻璃罩！"还有女生谴责的声音："小丁的眼睛差点就被玻璃划伤了，你生气也不能做这么危险的事啊！""你们都骂我，没人理解我！……"小西哭得更大声了，哭声中还夹杂着一串愤怒的脏话。

我深吸一口气，提醒自己要"和善而坚定"，快步走进了教室。美术老师见到我，松了口气，转身招呼其他同学继续完成课堂任务。班长正拿着扫帚在清扫地板，我叮嘱她清扫得仔细一点，以免地板上残留的碎玻璃伤到同学。小平看我进来，马上跑过来向我解释——小西突然到他座位打他骂他，他拿起伞防御，没想到小西就拿玻璃罩砸过来。我见小平没有受伤且情绪稳定，告诉他老师下课后再找他详细了解情况，先把哭闹中的小西带出了教室。

小西跟着我坐到了教师办公室外的长椅上。他的情绪仍然很激动，不停地抹着眼泪，大叫着要我相信他：都是同学的错，都是别人惹他生气他才这样。同时，他紧张地要求我，不能把这件事情告诉妈妈。

"把玻璃罩打碎了，你感到很害怕，是吗？"我轻声问他，试着接纳他的情绪，理解他的感受。

"我妈妈要是知道了，一定会骂我。我不想让她失望，不想让她骂我。你一定不能告诉她。"小西号啕大哭，哭声中满是惶恐不安。

"老师知道你很爱妈妈，很在乎妈妈的感受和看法。老师会把你的这份心意转达给妈妈，让妈妈不要骂你，而是和我们一起解决问题，好吗？等你平静下来，能不能告诉我，刚才发生了什么让你这么生气和委屈？你为什么要砸碎其他小组的玻璃罩呢？"我对小西表示了理解和同情，向他表明老师只是想和他一起解决问题，而非要惩罚他。

"我就是太生气了！我不是故意要砸碎别人的玻璃罩。"小西冷静下来后告诉我：美术课上小组自由完成作品的时候，他正站在桌旁，感觉小平从他旁边经过时，碰了他的臀部一下。他很生气就冲过去打回小平。小平抄起手边的雨伞想要攻击他，他就抢过旁边小组同学的美术工具玻璃罩砸在地上，想以此制止小平的攻击。

"你确定小平是故意碰了你的臀部吗？"我引导小西仔细回忆当时的情形。

"我认为是。"小西很笃定地点头。

"有没有可能,小平只是从你旁边经过,不小心碰到了你呢？"我追问。

"也可能吧？但我当时觉得他就是故意的。他有时候也会这样突然拍我一下。"已经冷静下来的小西仔细回忆着,认真地回答我。

"老师会找小平了解情况,如果他是故意的,老师会让他就这个行为向你道歉。如果他是无意的却让你感觉生气,或许是他平时的行为已经让你感觉不舒服,那我们再找时间一起来探讨同学间该如何互相尊重、和睦相处,好吗？"小西感激地点点头。

"不过,你知道当我听说你在班里砸碎了玻璃罩,我有多紧张、多担心吗？"我看着小西的眼睛,温和地说,"老师很担心有人会因此受伤。尤其是听说碎玻璃从小丁的眼角飞过,差点伤到他的眼睛,我吓得心脏都要停止跳动了。"我尽量不带指责地说出这件事情给我的感受。

"对不起,老师,我当时太冲动了。幸好没有人受伤,否则我就闯大祸了。"小西仿佛这时才意识到砸碎玻璃罩的危险,满脸羞愧地低下了头。

"就算小平当时是故意碰你的,现在回头来看,你有更好的办法来处理这件事情吗？"我希望小西把错误当成学习的机会,找到更好的解决问题的方法。

"我应该先忍一下,等下课再问他为什么要故意碰我。"小西想了想,用不太确定的眼神望着我。

"老师觉得这个办法很有男子汉气概。希望下次遇到类似的情况,你也能保持冷静,试着这么做。"我微笑着肯定了他。

"那你觉得,现在我们应该怎么做来弥补已经发生的事情呢？"想到正面教育中提到的"专注于问题的解决,而非让学生受到惩罚",我再次把问题抛给了小西。

"老师，我会让妈妈买一个新的玻璃罩赔给同学。我还应该向美术老师和同学们道歉，因为我影响了课堂秩序，还做出了可能伤害同学的行为。我以后一定不会再做这种事情，我向您保证。"小西非常诚恳地看着我。

"老师相信你能做到。"我微笑着摸了摸他的头，带着他回到班上。

自我反思

听说小西在课堂上砸碎了玻璃罩时，我的内心既紧张又生气，一来这件事情太危险，令我非常担心，二来他经常因为控制不好自己的情绪而影响课堂秩序，令我很心烦。但过往的经验让我明白，批评或惩罚，只会让他哭闹得更加厉害，把所有的注意力都集中在如何减轻自己的责任和逃避惩罚上，对于解决问题和个人的成长毫无帮助。所以我还是克制住了自己的情绪，保持"和善而坚定"的态度，运用正面教育的工具——解决问题的四个步骤来处理这件突发情况。事实证明，这样做很有效。在这件事情之后，小西虽然也发生过情绪失控的情况，但是再也没有乱扔东西和毁坏过物品。

作者信息

姓　　名：郑洁华　　　　　　单　　位：广州市天河区龙口西小学

附 录 班会实录

勇敢小猫，不怕挫折
——如何正确面对未能第一批入队

行为描述

一年级学生经过一学期的学习，已经能逐步适应小学生活，有一定的规则意识，大部分学生对自身的情绪表达及管理能力也有所提升，同时乐于帮助同学，有较强的荣誉感和责任感。近期，一年级少先队入队考核中，班级只有30%的学生能第一批进入少先队，剩下70%的学生中部分学生出现情绪低落的情况。因此，立足一年级学生学情，设置以"勇敢小猫，不怕挫折"为主题的心理班会课，帮助学生克服挫折，排解不良情绪。

解决方案

基于正面教育"和善而坚定""关注解决问题"这一理念，运用"专注于解决方案，并让孩子们自己想出办法""每次一小步"的正面教育工具，针对"如何正确面对未能第一批入队"这一具体问题，通过角色扮演和头脑风暴的形式，引导学生积极分享交流，对如何面对挫折的问题进行探讨，并在讨论时能做到发言遵循"3R1H原则"，有闻必录，最终共同寻找出能够正确表达情绪、正确面对挫折的办法，逐步培养学生的口语表达能力及社会交往能力，从而增强学生的自信心。

教具准备

PPT、白纸、发言话筒、角色扮演提示纸条。

正面教育工具应用

围圈致谢、角色扮演、小组讨论、头脑风暴、"爆米花"式发言、OK卡。

教学实录

一、围圈

> **设计意图**　引导学生快速、安静、有序地坐在座位上。导入热身，建立连接，营造安全沟通的氛围。
>
> （学生直接入座围坐成双U形。）

二、致谢

> **设计意图**　每次班会由致谢开始，形成惯例。学生依次致谢，训练学生的表达能力。此环节能帮助学生意识到彼此积极的方面，促进师生互动和生生互动。
>
> 【时长】3分钟

师：今天吴老师非常高兴能和大家上一节关于正面教育的班会课，我们的主题是什么？一起来读一读。

生：勇敢小猫，不怕挫折——如何正确面对未能第一批入队。

师： 读得正确又响亮，真棒！

师： 在校园里我们遇到挫折的时候，有哪些帮助过我们的同学呢？让我们向他们表示感谢吧！

致谢句式：

A：＿＿＿＿＿＿＿＿，谢谢你，因为＿＿＿＿＿＿＿＿（遇到的挫折），你＿＿＿＿＿＿＿＿（如何提供帮助）。

B：谢谢你，＿＿＿＿＿＿＿＿。

公开致谢分享。

生1： 小谭，谢谢你！因为在我跑步不小心摔倒的时候，你第一时间把我扶起来并且陪我去校医室，我很感动。

生2： 谢谢你，欧阳同学！

……

师： 我是班主任兼语文老师吴老师，我要谢谢全班同学，因为葵花班的每一位同学在老师或同学需要帮忙的时候，都能及时伸出援助之手，你们真的很温暖，谢谢孩子们！

生： 谢谢你，吴老师！

三、角色扮演

设计意图

通过角色扮演，询问感受，让学生积极投入，揭示主题。先描述问题，继而引导学生对"如何正确面对未能第一批入队"这一问题进行探讨，引导学生正确表达情绪、勇敢面对挫折。

【时长】12分钟

（一）角色扮演

邀请学生扮演不同角色，分发提示纸条。小陈扮演没入队的主角小猫，小蔡扮演山羊老师，小林负责旁白，在座12位同学担任入队的队员，其他同学担任观察者。

（二）情境展现

师：孩子们，今天老师邀请了几位同学给大家表演一个故事，一起来看看吧！

生（林）：最近，动物王国进行一年级学生的入队考核啦！小猫听到这一消息特别期待。

生（陈）：我也很想戴上红领巾，跟其他年级的哥哥姐姐们一样敬队礼，成为一名光荣的少先队员。

生（林）：但是这一次，只有符合考核要求的12个同学可以入队。于是，小猫按照老师的要求，做到准时到校、认真上课、积极举手发言、排队的时候不说话、热心帮助同学……

（小猫扮演者，表演上述动作）

生（林）：唯独有一个要求——那就是课间不追逐打闹，小猫就是做不到。下课铃一响，他就像放飞的鸟儿似的飞奔出了教室。跑啊，闹啊，玩得不亦乐乎，甚至连上课铃声响了也听不到，有一次还不小心摔破了皮。

（小猫扮演者，表演上述动作）

生（林）：入队名单公布了，小猫的心里怦怦直跳，他多想听到老师念自己的名字啊！

生（蔡）：小青蛙、小斑马、小麻雀、小猴子、小鹿……

生（林）：小猫很希望自己的愿望可以实现，可是名单上并没有他的名字。

生（陈）：唉！（一副垂头丧气的模样）

（三）询问

师：当听到入队的名单中没有自己的时候，你觉得小猫的感受、想法和决定是什么呢？

生3：我觉得小猫会很伤心。

生4：我觉得小猫会努力改正缺点。

师：请你在白纸上给小猫画上表情，表达小猫可能会出现的情绪。

（学生按要求在白纸上画表情）

师：孩子们，采访一下，你们给小猫画上了什么表情呢？谁愿意来分享一下？（投影上展示学生画的小猫表情）

生5：我画的是伤心难过的表情，因为小猫不能第一批加入少先队，他肯定很难过，会哭。

师：期待已久的事情没有实现，会感到很伤心，你是个很能体会别人感受的孩子，谢谢你。

生6：我画的是笑脸，是努力奋斗的表情。因为我觉得小猫他是个会思考的孩子，我相信他在知道自己的不足后一定会努力改正缺点，争取早日入队的。

师：这是一种积极向上的心情，遇到挫折不气馁，老师相信在学习生活中，你也和小猫一样是一位敢于面对挑战，积极面对问题的好孩子，真棒！

生：伤心的、难过的、哭泣的、生气的……

师：看来，大部分同学画的都是小猫的哭脸。（教师根据学生的回答在黑板画哭脸）

（四）思考

师：看来大家都有同理心，能够体会小猫的心情。你们也有过失败后、遇到挫折后不开心的情绪吗？（提问几个学生）

生：有！

师：是啊，孩子们，生活不都是一帆风顺的，在开心快乐的同时也会伴随着苦恼、伤心、难过、后悔等情绪，但这都是正常的，我们要学会接纳自己的情绪。（板书：接受情绪）

四、头脑风暴，小组讨论

设计意图　通过头脑风暴解决问题。

【时长】10分钟

师：伤心的小猫就在我们的眼前，你会怎么安慰他？怎么帮助他呢？快来给他支支着吧！（教师用手偶扮演伤心的小猫，并模拟小猫的语气）我为什么不能入队呢？我是不是太差了，我是不是没有用，老师、同学都不喜欢我了，爸爸妈妈会不会生我的气呢？

按角色分组讨论：关注3R1H（即相关、尊重、合理、有帮助），老师对一些不合理的做法积极引导沟通。

师：听完小猫的心声，请同学们跟你的同桌讨论一下，应该如何帮助小猫？同时我们也要遵守"头脑风暴"的原则，一起念出来吧。

生：①符合3R1H原则；②轮流发言；③有闻必录；④不评判。

师：入队的同学，你们是怎么顺利入队的，也可以分享你们的有效办法哦。

五、议题汇报

设计意图　小组讨论，寻找帮助小猫走出低落情绪的办法，并把建议和想法写在大白纸上，通过"爆米花"式发言或小组汇报。

【时长】13分钟

（一）爆米花式发言

师：谁先来安慰安慰这只伤心的小猫呢？

生7：小猫小猫，我知道你很伤心，看到你没能第一次入队，我也替你难过、可惜。

生8：其实你很棒……就是爱跑爱闹，要是能改掉这个缺点就好了。

生9：其实第一次没有入队没有关系，还有第二次机会，你改正了，进步了，第二次肯定可以入队的。

师：是呀，你们都说得没错，我们要积极面对自己的缺点，要对自己有信心。（板书：积极面对）

（二）小组汇报

小组集体亮相，汇报大白纸上的建议。用以下句式为小猫提供一个"法宝"，希望能对他有帮助。

句式：我想对小猫说：当你遇到了_____的挫折/感到_____的时候，你可以_____。

师：伤心的小猫不知道怎样才能变得开心，不知道怎样才能改正缺点，你给他支了什么着？你打算怎么帮助他呢？

生9：我想对小猫说：如果你感到不开心，可以去找爸爸、妈妈、同学和老师聊聊天，找心理老师也可以。（板书：聊天　找家长　找心理老师）

生10：我想对小猫说：如果你遇到了没有成功入队的挫折，你可以找找自己的原因，想想追逐打闹的后果，想到可能会受伤，就不敢去跑了。

生11：我想对小猫说：如果你下课的时候忍不住追逐打闹，我们可以跳绳、看书、画画，不玩追人游戏。（板书：看书　画画）

生12：我想对小猫说：不开心的时候可以运动一下，也可以吃点好吃的。（板书：运动）

生13：我想对小猫说：如果遇到挫折，可以请周围的人帮帮忙，比如找同学、找好朋友。（板书：找同学、好朋友）

生14：我想对小猫说：如果遇到挫折，可以请班干部帮你，他们都很热心的。（板书：找班干部）

（提炼学生讲的方法并写在黑板上）

师：看，听到你们分享了这么多的办法，小猫的心情也变好了。（教

师将板书上的小猫的哭脸画成笑脸）

师： 大家再看一看板书，你有什么发现？

生15： 左边这一列是自己解决的办法，右边这一列是请人帮忙的办法。（板书：自己解决、请人帮忙）

师： 是呀，自己能解决固然好，解决不了找别人帮忙也是个非常好的办法呀。这些乐于帮助我们的人，都是爱我们的人呀！他们都是我们战胜挫折的力量和坚强的后盾。

（三）小结反思

师： 学到这，我们回顾一下帮助小猫的过程，当我们情绪低落时，可以怎么做呢？谁来看着板书小结一下？

生16： 我们要学会接受情绪，要积极面对情绪，然后想办法自己解决问题，解决不了的时候可以请人帮忙。

师： 这位同学真厉害，不仅逻辑清晰，还能把我们学到的知识记住了。同学们，我们的生活中会有各种各样的挫折，目前你在学习和生活中遇到了什么挫折呢？你想战胜它吗？请你拿出OK卡，把你想要战胜的挫折写下来吧。

六、分享总结

设计意图

首先，尊重每个孩子的体验，再次表达行动意愿，外显于行，内化于心。其次，引导学生回顾本节课讨论的内容和接下来要解决的问题。最后，鼓励学生勇敢面对挫折，激发学生内心的力量。

【时长】2分钟

师： 通过这次班会，你有什么感受或收获呢？

生17： 我们要勇敢地面对挫折，不要害怕。

生18： 我知道了不开心的时候可以做运动，或者和同学聊聊天。

生19：我明白了遇到挫折不要灰心，要想办法解决，还可以请他人帮忙。

师：看到同学们积极地想办法解决问题，老师真为你们感到高兴和欣慰呢！通过这一节课，我们也认识到：没能在第一批入队，感到情绪低落、不开心，是很正常的事情，我们先要学会接纳这种情绪，正确看待这种情绪，把它当作一次促进自己进步的机会，然后可以自己想办法解决，或者寻求他人的帮助，让自己每天进步一点点，下一次就能顺利入队啦！

师：我们再回过头来看看这节课的主题，这只勇敢的小猫是谁？

生：我们自己。

师：是的，小猫就是一个个能够接纳自己情绪、想办法解决问题、大胆地向他人寻求帮助的勇敢的你们。这样的你们，是有力量、有智慧的，即使遇到再大的挫折也能战胜。

师：让我们勇气大爆发！一起边跳边唱这首鼓舞人心的歌曲吧！

（全班齐唱《勇气大爆发》，配动作）

师：最后，我们来看看回家后的作业，继续完成OK卡。记住每天坚持下去哦，一起种下勇敢的种子，看看下星期的班会课上，谁能够连续给小鱼涂满颜色。大家好好加油哦！老师相信你们可以的。课后我们可以把方案投到班级的意见收集箱，届时我们一同选出最适合咱们班的方案。今天的课就到这里，下课！

七、课后反思

优点：课堂内容紧跟实际情况，及时发现班级中存在的问题，关注到学生的情绪变化。课堂流程层层递进，环节清晰，目标性较强。教学用语符合孩子特点，沟通拉近了师生之间的距离。

不足：教师的语言不够简洁明确，有时会牵着学生走，没有很好地发挥学生的积极性。学生与学生之间的互动和协作不够充分。

板书设计：

	勇敢小猫	不怕挫折
	聊天	找家长
	运动	找心理老师
	画画	找同学、好朋友
接受情绪	看书	找班干部
积极面对	自己解决	请人帮忙

附：OK卡

我想要改正的缺点是：_____

_____

作 者 信 息

姓　名：吴慕贞　　　　　单　位：广州市天河区体育东路小学

解决方案桌

——班干轮流制

行为描述

三年级语文课本里口语交际的主题是"班干部该不该实行轮流制"，孩子们对此尤其关心。经过两年半的班级生活，大家已经对班级管理的责任有着清晰的认知，但缺少轮流体验和担任班干部职务的机会。通过这次活动，希望更多的同学能体验到当班干部的辛苦。

解决方案

基于正面教育"负责的决策"这一社会和情感学习能力，针对班级学生实际生活中的具体问题，采用正面教育"解决方案桌"这一理念和方法，让孩子们及时发现问题、解决问题，建立有秩序的讨论空间，让孩子们提出自己的观点，真正参与并解决班级问题。

教具准备

PPT、磁卡、白纸、卡纸、发言话筒、解决方案桌。

实录

一、致谢

热身，建立连接，形成一个安全的氛围。学生依次致谢，训练学生的表达能力。

师： 今天丘老师非常高兴能和大家上一节关于正面教育的班会课，我们先来读一下班会课的主题。

生： 解决方案桌——班干轮流制。

师： 读得真响亮！从一年级到现在，有哪些班干部给我们提供帮助？又有哪些值得我们信任的同学呢？让我们向他们致谢吧！

生： 我是器材管理员，我要谢谢小郭，当我第一次担任管理员找不到器材的时候，是你帮我找到了。谢谢你，小郭！

生： 谢谢你，小黄！

……

师： 我是班主任兼语文老师丘老师，我要谢谢全班同学，因为班上的每一位同学都能配合好丘老师的工作，让我们的班级变得越来越好，谢谢孩子们！

生： 谢谢你，丘老师！

二、议题讨论

描述问题，引导学生探究问题成因，培养学生专注于问题的解决。

（一）出示班干部调查表结果

师： 谢谢同学们的致谢，让丘老师看到班上的每一个同学都是能发现美、感受美的，让丘老师感觉到我们真是一个温暖有爱的班集体。在课前我们做了一个小调查，调查结果如下：担任班干部一个学期以上的21人；一个学期的20人；未担任过的6人。希望有班干轮岗制的有29人；希望有更多同学参与班级工作的有20人；觉得固定制也很好的有10人。听了结果，你们能得出什么结论吗？

生：我可以总结出，我觉得未担任过班干部的6名同学，可以尝试当班干部。希望有轮流工作岗位的有29名，可以设置轮流的岗位，这样所有同学都有机会担任班干部。

生：我可以总结出，没有担任过班干部的有6名，担任过一个学期以上的有21名。大家想要有班干轮流制，大家想要有一些别的班级岗位，让同学们都体验一下。

（二）问题探讨

师：是的，这是我们之前讨论的个人参与的班级工作，有科代表、班长、领队等，刚才有同学提到，有轮流的岗位能让大家有更多的工作体验，可是如果这18个岗位都实行轮流制，会出现什么样的状况？

生：如果18个岗位都轮流的话，会出现岗位重复的状况。有些人轮到过很多班干部，有些只轮了1或2个，这样不够公平，所以我们要适当地从里面挑选出可以轮流的岗位。

师：你和丘老师的想法不谋而合！接下来给每个小组一些时间，各小组围绕解决方案桌选出两个最适合轮流的岗位。大家清楚了吗？

（三）分组讨论

（1）各小组围绕解决方案桌讨论。

师：刚刚我们7个小组讨论选出2个最适合轮流的岗位，其中部分小组选出了3个，我们一起来看一下：课代表、失物管理员、手表管理员、图书管理员有1票，班长、领队、课表管理员、课间操管理员、组长各2票。

（2）阐述原因。

师： 既然我们讨论了岗位，我们是不是应该说明一下为什么这些岗位应该轮流呢？那接下来，各小组要从丘老师这里领一张海报，围绕解决方案桌来讨论你们所选出的岗位应该轮流的原因。同时我们也有头脑风暴的原则，我们一起读出来好吗？

生： ①符合3R1H原则（尊重的、合理的、相关的、有帮助的）；②轮流发言；③有闻必录；④不评判。

师： 接下来请1到7组的组长来丘老师这里领取海报。

（3）各小组围绕解决方案桌讨论。

三、议题汇报

设计
意图
小组汇报，培养学生专注于问题的解决。

师： 接下来请第一组全体起立，拿着海报站在解决方案桌前进行汇报。

生： 大家好！我是第一组的汇报员，我们小组讨论要轮流的第一个岗位是班长，原因有三点。第一，公平公正，因为班长相当于小老师，班上同学有矛盾或者不太好的行为，老师不在，就要由班长处理。处理的时候要公平公正，大家都有机会承担，这样就能保证每一个同学都得到公平对待。

生： 第二，设定试用期。因为可能每个人都有当班长的想法，但是班长确实需要一定的能力，所以也要有试用期。如果不能起到带头作用，就要从这个岗位上退下来，尝试其他的工作。

生： 第三，体会劳动的辛苦。而我们班目前最需要解决的问题是同学们劳动的积极性不高，因此班长要起到引领的作用，要身体力行，用自己的行为，带动同学们劳动。

......

生：大家好！我是第七组的汇报员，我们小组讨论要轮流的岗位是小组积分员，因为这样每个人都能发现组员的优点。

师：我们7个小组都进行了汇报，大家有没有发现，哪些原因是每个组都有提及的？

生：我发现基本每个小组都会提到让同学体验到当班干部的辛苦。

生：我发现是让更多的同学担任班干部，让班级工作做得更好。

四、总结

设计意图：通过爆米花式发言，引导学生回顾本节课讨论的内容和接下来要解决的问题。

师：好的，孩子们。你们担任班干部的时候，觉得辛苦吗？如果觉得，你们可以举手。我想，这就是为什么每个组在讨论中都提及"辛苦"这个词。同时丘老师欣喜地发现，更多的同学学会了换位思考，因为你们越来越多地感受到了同学工作时的不易，在履行职责当中获得了成长。如果让你们提建议，让班干轮流制更好地实行，你们此刻有没有什么想法？有的请举手。今天课后我们可以把方案投到班级的收集箱，选出最适合咱们班的班级方案。今天的课就到这里，下课！

五、课后反思

1. **优点**：课堂流程比较流畅，环节清晰，目标性强。

2. **不足**：教师的语言不够简练、明确，从学生的分享可以看出，小部分学生没有真正领会班会的目的，或者谈论方向出现偏差。"解决方案桌"的作用不够明显，流于形式。

海报设计：

第　　组	
轮流岗位	轮流原因

作者信息

姓　　名：丘洁莹　　　　　　单　　位：广州市天河区天府路小学

守护"情绪杯子"

行为描述

在小学的学习生涯中，学生难免会遇到一些感觉不好的情况，有些事件还会导致情绪瞬间爆发，让学生失去思考的能力。在中高年级，部分学生甚至会因为缺乏良好表达技能和科学应对负面情绪方法，影响亲子关系、同伴关系、学业表现，不利于自我归属感和价值感的获得。小学中高年级是学生逐步熟悉和理解社会生活的重要时期，也是情绪从容易波动逐步变得稳定理智的时期。面临负面情绪积压导致失控的瞬间，如何正确地表达自己、如何正确地理解他人、如何用恰当的方法给自己减减压，对于学生来说依然是一种挑战。

解决方案

为创设机会帮助学生培养正面教育"七项重要的感知力和技能"中的"内省能力"，针对"科学应对情绪失控瞬间"这一具体问题，结合正面教育"情绪管理"的方法，让情绪具象化成"杯子里的水"，让同学在"情绪没有对错之分"的基础上，感知情绪的前端（理解）、中端（表达）和后端（行动导向和自我调节），给孩子们逐步建立一个安全、良好的交流空间。让学生通过分享交流，对"如何表达情绪""如何照顾自己的情绪"进行探讨，引导学生在讨论时能做到发言遵循3R1H原则和有闻必录，最终达到培养学生共情他人、表达情绪和照顾情绪的能力。人本主义心理学认为：学生有自己的潜能，能创造一种心理空间，自己管理自己。

发言棒、白板、油性笔、大白纸、便笺纸、计时器、铃铛、情绪脸谱。

正面教育工具应用

致谢、启发式提问、"爆米花"式发言、头脑风暴、我句式、角色扮演。

教学实录

一、致谢

设计意图

帮助过渡到班会主题，营造积极的情感沟通氛围。

【时长】5分钟

师：今天韩老师给大家上一节班会课。在进入主题之前，让我们先进行致谢。老师跟大家接触的时间不长，但是有很多让我感动的瞬间，感谢同学们有良好的合作意识，让我觉得集体很温暖。我还要特别感谢一下越安、文思、紫月，这几位同学非常踊跃地担当课堂小助手、书记员，让我们的教学更加顺利。我们一起用掌声感谢他们！

生1：谢谢您，韩老师！谢谢同学们！

师：时光匆匆，脚步也匆匆。大家回想过去的一周，在班级里面有哪些让我们感动的人和事，用上致谢的句子，向对方表达感谢吧！

生2：小安，谢谢你！因为当我来到新班级的第一天，你是第一个把我带进课室的人!

生3: 谢谢你!

生4: 小希,谢谢你,因为我也是转学生,我转学之后你是我的第一个朋友,所以我十分感动!

师: 相信每位同学内心都有一些感谢,我们凳子底下有一张感谢卡。用一分钟的时间写下你心中的感谢,写完之后,自由地走向那位同学进行致谢。在这过程中,你可以抱抱他,可以搭搭他的肩膀,或者配上任何能传达你感谢之情的动作!

(学生写感谢卡)

师: 老师注意到很多同学写完了,也有一些同学尽管没写完,相信感谢的话已经在你脑海里了,现在起立,随着音乐走向你想致谢的同学身边吧!

(学生开始互相表达真心实意的感谢)

二、议题讨论

设计意图 通过朗读班会主题和启发式提问来明确班会议题,通过头脑风暴分析问题,聚焦班会要解决的情绪问题。

【时长】5分钟

(一)提出议题

师: 致谢过程中,老师发现好多同学笑得好开心啊!

师: 同学们,今天我们班会的主题是什么?

生1: 守护"情绪杯子"!

老师: 在生活中,有像刚才我们那么开心、那么温暖的瞬间,但还有一些时候我们的情绪会……

生2: 很消极,很低落。

师： 要控制好情绪，做所有情绪的小主人可不容易，所以今天我们就学一学如何守护"情绪杯子"。

（二）问题分析

师： 老师想问大家一个问题，你们有过情绪失控的时候吗？

生1： 有！

师： 有的请举手看看。你曾经有过，或者最近出现这种情况的都可以举手。

（学生举手，老师也举手）

师： 我们彼此看看，你们发现了什么？

生2： 我们每一个人都经历过情绪失控的瞬间。

师： 是的，大家都经历过情绪失控的瞬间。在同学们的认知当中，什么叫"情绪失控"？

生3： 我认为的"情绪失控"，打个比方：假设每一种情绪都是一种元素，当其中一种元素过大，占据了其他元素的位置时，就是情绪失控。

生4： 我觉得"情绪失控"是指一种比较消极的情绪带给你一种必须发泄的感觉，假如人感到十分悲伤的时候，有可能会特别大声地哭出来，要是不能哭出来会特别难受。

生5： 我认为"情绪失控"会找一些方式来发泄，比如会出现撕毁某些东西的行为。

师： 刚刚三位同学根据他们的经验描述得非常具体，大家同意吗？我们可以这样定义：情绪失控是个人的需求没有得到满足和尊重时产生的心理状态。当我们内心的需求，别人看不见的时候，会产生一些什么情绪？

（老师可以举起积极情绪和消极情绪的牌子让学生选择）

生6： 消极情绪。

老师： 今天的班会主要探讨当消极情绪失控时我们可以怎么做。消极情绪不断扩大的时候，人就会想要干什么？

生7：发泄！

师：那我们看看这幅图，如果说消极情绪是杯子里面的水，同学们观察一下这个杯子，还能发现什么？

生8：我发现杯子里面的水都要溢出来了，而上面的水瓶还在不断地倒水进去。

生9：水杯里的水就好比心里的负面情绪。我们可以控制杯子里的水，但如果还不断加水进去，水便会溢出。如同我们不断地被影响，情绪就爆发了。

师：所以负面情绪满载时，还有人往我们的"情绪水杯"里灌东西，我们能听进去吗？

生10：不能。

师：那如果晃一晃杯子，又会发生什么？

生11：水，也就是情绪就更加不受控制了。

师：那怎么办呢？

生12：可以倒掉一点。

师：是的，所以我们今天也来倒一倒苦水。

图片1　水杯

三、探讨办法

设计意图　用启发式的语言、头脑风暴鼓励孩子发现问题和解决问题。

【时长】15分钟

（一）觉察情绪

师：让我们借助情绪脸谱，关注消极情绪，回想一下：什么事曾让你情绪失控？你当时遇到了什么事？有什么感觉？你做了什么？情绪脸谱能够帮助你找到当时确切的情绪。

如果有需要，可以借助"我遇到……，我感觉……，我做了……，结果是（最后）……"这个句式来表达，在心里说一说。

谁愿意先来把情绪杯子清空一下？说的时候避免指名道姓，可以用"有人……，我被……"来代替。

生：当我安安静静在房间里写作业，有人突然打开我房门，指责我在房间里面玩游戏，没有好好学习的时候，我的心里就很难受。

师：你觉得很委屈是吗？当时的你希望别人能够先了解一下你在做什么，对吗？

生：是的。

师：我很高兴你现在能够平和地表达出来。还有同学继续倒倒苦水吗？

生：过年的时候去拜年，当亲戚问我成绩如何时，我不太好意思说，成绩不好的时候怕被别人笑话。

师：你希望亲戚可以更多关注你的其他方面，是吗？

生：对！

……

（二）理解情绪

师：同学们，大家有留意到当同学们"倒苦水"的时候，老师是怎么回应的吗？

生：老师会问当时发生了什么，还会说："你当时希望……是吗？"

师：你们听得真仔细！当别人吐苦水时，我们可以这么说：听了你的分享，我感到你希望的是……让我很感动的是……很触动我的是……我觉得很棒的是……

同学们能够从别人表达的情绪当中找到他人内心的希望吗？让我们来试一下。

生：有一次，我的比赛成绩并不是很好，没有达到心里预设的目标，所以就很伤心地躲了起来。

生：我听到你的分享之后，我感觉你是希望自己表现得更好。让我很感动的是，你有一股拼劲。

师：有一次，我回到家后发现我的作业被撕得支离破碎，我当时非常生气，虽然对方粘好了，可是都错位了。我把这件事情告诉了父母，父母却说：他不懂事，你也跟着不懂事吗？你自己把它粘起来不就行了吗？

生：我感到你希望得到家长的理解，以及那个人不要那么淘气。

……

师：被理解的同学，你觉得怎么样？

生：内心很舒服、很舒心，开心多了，如果当时对方能这么想就好了……

师：不知不觉，同学们已经洞察到别人的情绪和内心的想法了，这是"倒苦水"里面的一个小方法——理解情绪。

（三）表达情绪

师：其实我们还可以从别人的回应当中，学到完整表达情绪的方法，该怎么说呢？

生：我们可以表述完自己的情绪之后，把内心的希望和想法表达出来。

师：你很懂得总结。真正倒苦水不仅是诉苦，还可以这样表达："我觉得……我希望……"谁来继续把苦水倒一下？请书记员记录下同学们的感受和内心的希望。

生：有一次我在做一套真题，但是有一道题我一直想不出来，感觉内心很浮躁，我是希望能把它做出来的。

生：有一次我与弟弟发生了一些争执，然后他先动手打我，我没理他，但是他又继续打了我几下，这个时候我忍无可忍地反击，然后爸妈进来了责怪我不懂事。其实我觉得很委屈，内心希望得到爸妈的理解。

四、交流实践

设计意图
　　用角色扮演的方式，让学生在操练中获得良好的感觉，也通过操练继续发现新的问题，完善表达情绪语言技能。

【时长】12分钟

（一）分组扮演

师：在这个过程中，大家表达情绪语言的技能已经逐渐提升，现在韩老师给你们一些小小的挑战。两两为一组进行角色扮演，以1、2报数来分组。

（教师出示情景）

情景一：早上，你和妹妹在家里吃早餐，妹妹不小心把牛奶洒在地毯上，你正准备去拿抹布清理。这时候，父母从厨房出来，看见被牛奶弄脏的地毯，就说："你怎么做哥哥的！这地毯昨天新买的！一点都不懂得照看妹妹！"……

情景二：早上你和父母吵了一架，心情很不好，班级的卫生委员过来说你的位置很脏，要求你赶紧扫一下。你因为不开心不想打扫，此时卫生委员加大了嗓门，要求你马上去清扫，否则就告诉老师……

情景三：体育课上，你想要好好表现！看到有两个同学在操场上奔跑追逐，你过去追他们，想让同学们停下，谁知道，体育老师看到你们追逐，把你们都教育了一番，并且告知家长你上课不遵守纪律，枉做体育科代表……

师：大家任选一个情景做角色扮演，每个情景中有一个角色情绪会不太好，扮演者使用"表达情绪"的方法来表达自己，另一方做出自然回应，看沟通是否顺畅。老师说明白了吗？

（学生两两为一组自由扮演）

（二）汇报展示

师： 请一个小组来扮演，其余同学和老师做观察者。

（学生扮演情景一，扮演哥哥角色的同学虽然说出了自己的内心希望：想您理解我一下。但是扮演妈妈角色的却回应：我怎么不理解你了？分明是你没有照顾好妹妹……）

师： 谢谢两位扮演者，掌声送给他们！"哥哥""妈妈"你们的感受和想法分别是什么？

生： 做哥哥的我心里憋屈，希望家长能让妹妹跟我一起清理。

生： 我觉得他怎么就不懂得体谅一下妈妈的辛苦，多担当些。

师： 大家看到了什么？

生： 我发现"哥哥"不太能说出内心的希望。

生： 我发现"哥哥"是说了一句"希望您能理解一下我"的，但是"妈妈"马上驳斥了他。

生： 我们平常不太敢把自己一些不好的情绪告诉父母或者同学。虽然心里不开心，但是嘴上还是没法说出来。

师： 你们注意到对话的细节，还注意到我们在表达上比较含蓄，这往往让我们失去了表达自己的机会。但是我们今天学了好方法，就要勇于表达！

师： 还有哪组可以顺利表达情绪的吗？

（邀请一个能够达到互相理解的小组展示，如果没有，教师可以与同学一起示范）

师： 为什么这一组能够达到互相理解？

生： 我发现"哥哥"会反复表达自己的内心感受和希望。

生： 我还注意到"哥哥"说：我会照顾好妹妹，同时也希望您能够理解和包容我。"哥哥"也在理解妈妈。

师： 你们说得很准确。其实，沟通是双方的，理解也是双方的，而表达也不是一次就能成功的，需要我们坦诚地反复地说，用心地去理解。

五、提升与总结

设计意图　同学们通过"爆米花"式发言，进一步学会与情绪相处。通过回顾海报，引导学生回顾本节课讨论的内容。

【时长】8分钟

（一）提升

师： 当得不到别人理解时，我们也要学会照顾自己的情绪。什么叫学着照顾情绪呢？

生： 很多时候，我们不能控制别人怎么做，但我们能照顾好自己。

师： 正如刚刚情景中的"哥哥"，你们能想到什么方法帮助自己稳定情绪，把即将情绪失控的自己拉回来？我们一起来头脑风暴，请书记员来记录。

生： 睡一觉。

生： 跟宠物说心里话。

生： 吃一顿。

生： 深呼吸并且在花园里面散步。

……

师： 感谢书记员和同学们记录下这么多能"照顾情绪"的方法。让我们一起回顾这些海报。

今天我们从消极情绪出发，不断地让自己的感觉变好。看看这几张海报，我们一开始觉察到的消极情绪，能够让我们看到什么呢？

生： 看到我们心里的一些希望。

师： 所以不管是好的或是不好的感觉，其实对我们来说都是很重要的，都有积极的作用。

师： 大家愿意用这些方法尝试一周吗？

生： 愿意！

师：老师也给大家提供一些工具，我们可以利用"当我（再次）遇到＿＿＿＿＿＿＿（事件），我会理解自己，表达出自己的感受，选择＿＿＿＿＿＿（方法）"，并尝试一周。把这个句子写在便利贴上，也可以把这些方法制作成选择轮，当自己不开心的时候拿起来看一看，选一选，让自己感觉变好。

（二）总结

师：让我们一起回顾班会主题，守护"情绪杯子"，我们要怎么做？

生：要懂得觉察自己的情绪，大胆表达出内心的希望。

生：作为倾听者的时候，我们也可以理解对方。在自己不被理解时，我们可以用这些方法来照顾自己。

师：大家都找到了很好的解决方法呢！老师再送一本书给大家——《苏菲的愤怒选择轮》，里面讲述苏菲的妈妈是怎么理解苏菲的，苏菲是怎么表达自己的，以及该如何使用选择轮，愿大家都是"情绪杯子"的守护者！

六、课后反思

优点：课堂流程比较顺畅，环环相扣，循序渐进，目标性强。学生对技能的习得体现从低阶到高阶的过渡。

不足：引导式语言可以更多地交由学生去总结。

板书设计：

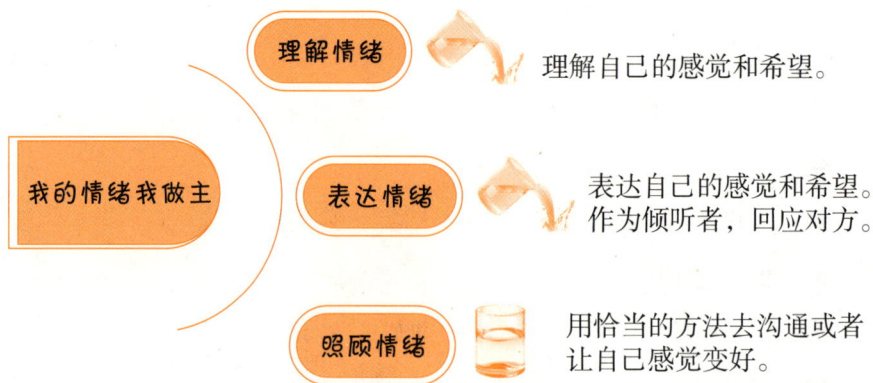

理解情绪　　理解自己的感觉和希望。

我的情绪我做主

表达情绪　　表达自己的感觉和希望。作为倾听者，回应对方。

照顾情绪　　用恰当的方法去沟通或者让自己感觉变好。

海报设计：

情绪	希望	方法

作 者 信 息

姓　　名：韩汝晴　　　单　　位：广州市天河区体育东路小学海明学校

我与青春期

行为描述

五、六年级的孩子已进入青春期，在生理和心理的不断成长变化中，孩子们可能会在自我认知、与人交往、学习方法、父母沟通、情绪波动等方面遇到一些困扰，因缺乏对青春期的科学认识而感觉迷惘、无所适从，甚至自卑或自暴自弃等。

解决方案

基于正面教育"负责的决策"这一能力，针对"如何更好地适应青春期带来的变化"这一具体问题，引导学生遵循3R1H的原则进行讨论和交流，给已经进入或正在进入青春期的学生更科学有效的认知和行为引领。期待通过正面教育班会能集思广益，讨论应对青春期可能会面临的一系列问题，让学生提出自己想要解决问题的办法和途径，并选择自己愿意尝试的方式去应对青春期带来的变化和挑战，从而引导学生专注于解决问题，帮助学生养成勇于面对挑战的品格，自我赋能，阳光成长。

教具准备

PPT、白纸、发言话筒。

正面教育工具应用

致谢、头脑风暴、3R1H原则、小组讨论、轮圈发言、"爆米花"式发言。

教学实录

一、致谢

设计意图　热身，建立连接，营造安全沟通的氛围。学生依次致谢，训练学生的表达能力。

【时长】5分钟

二、议题讨论

设计意图　描述问题，让学生聚焦班会主题，关注解决问题。

【时长】10分钟

（一）讨论青春期的变化，分享青春期带来的喜悦

师：同学们，我们现在是六年级了，同学们多少岁了？

生：12岁。/ 11岁。

师：有的同学11岁，有的12岁，对不对？我们明年即将毕业，进入中学。回想一下，在我们小学生活的这六年时光里，我们有了哪些变化？老师的发言话筒给举手的同学。

生：大家都变高了。

师：嗯，个子长得高。

生：我嘴巴这里已经开始有一些毛了。

师：身体发生了变化。还有吗？

生：学到的知识也更多了，体重也增加了……

师：说得好。除了身体变化，我们的知识也更丰富了。

生：还有就是我们了解的事情也更多了。

师：视野更开阔。

（二）讨论青春期的烦恼

师：在这6年里我们的收获那么多，有没有收获到友谊呢？

生：有。

师：我们和同学相处了六年，还认识了很多的老师，交了很多的新朋友，对吗？

生：对的。

师：好。那同学们知道我们现在这个阶段属于人生的哪个阶段吗？

生：青春期。

师：对。科学家认为人的生长发育有两个黄金阶段：第一个在1岁到3岁，在这个阶段我们的身体会迅速地成长，也会学到很多东西；第二个就在我们的青春期，科学家把这个青春期定义在11岁到20岁。那我们现在进入青春期了吗？

生：进入了。

师：成长带来很多的喜悦，但是成长有没有带来烦恼？

生：有。

师：我们进入青春期也可能会遇到一些烦恼。有些烦恼可能我们已经遇到过了，暂时还没有遇到的，将来我们进入初中、高中、大学后也有可能会遇到，对不对？或者我们没有遇到，但是听亲戚或朋友的哥哥姐姐说过，或者从网络上看到过一些关于青春期的烦恼，有吗？

生：有！

师：那谁来说一说你所知道的青春期烦恼和心事？

生：有些人的身体可能会突然不舒服，虽然有可能是正常的情况，但是自己不知道的话，也会感到困惑、难受，还会担心突然出什么事情。

师：如果我们对青春期不了解的话，面对自己身体发生的变化，会以为自己生病了，不了解情况时可能会感到很困扰。男生女生都会发生不同的变化，如果我们不提前了解，还以为自己不正常，是吗？

生：对！

师：有身体的变化引起的困扰，还有哪些方面？

生：就是会变得更叛逆，觉得爸妈不理解我。

师：我们小时候跟父母的关系是怎样的？还不错，甚至很亲密，对不对？长大了感觉他们好像没那么理解自己了，沟通好像没那么顺畅了，是吗？有多少同学有这样的感觉？跟父母的关系好像没有小时候那么好？请举手示意一下。

（大部分学生举手了）

师：谢谢，还有什么烦恼？思考一下。或者是我们现在还没有遇到，但是我们听说过这样的例子，将来我们可能也会遇到的？

生：我在家里的一本书里面看到过：有一位教授，他班里的一个女生在青春期生理出现了变化（来月经），因为女生的母亲是线条特别粗的那种女性，然后女生有这种生理变化之后她自己不清楚是怎么回事，以为把自己弄受伤了。后来通过阅读相关的书籍才知道了这个真相。这位女生的同学和同伴都为这个生理现象的出现而感到高兴、兴奋，但是她却特别厌恶自己这个身体变化。

师：所以她的心理上出现了一些问题，是吧？谢谢你的分享。青春期的烦恼，除了刚才我们说的身体上的变化，还有其他的一些困惑吗？

生：就是长高的时候会遇到生长痛、膝盖痛。

师：身体上有一些疼痛，是不是？比如刚刚有同学担心说：脸上可能会长青春痘。

生：还有就是到了青春期，我们年级越高，承受的功课压力就会越大。

师：是啊，学业压力更大了。还有同学会担心地说："我长得太高了。"或者，有没有同学在担心"别人怎么都发育了、长高了，我怎么还没长高啊"？

生：有！

师：没错！你们要面对生活中更多的困难和问题，遇到的挑战也大了，需要自己解决的问题也多了。以前我们依赖爸爸妈妈和老师，现在我们要自己解决了。特别是将来进入中学可能要住校，进入大学就离家更远了，遇到很多问题，没有爸爸妈妈在身边随时给我们帮助，我们就要靠自己去辨别、去思考、去解决，对吗？

生：对！还有，我们经常跟爸妈意见不统一。比如说，爸妈觉得这么穿衣服好看，而我们觉得那样穿更好看。

师：就是审美观也有变化了，对吗？

生：对。

师：不仅审美观，跟父母的其他观点也有很多不一致了。

生：是的。我还觉得父母没有那么理解我了。可能我是一个比较有主见的人，有时我父母非要让我去做什么事情，我可能还是会去做，但是态度上就爱搭不理的。说实话，我现在也不是很清楚我将来要什么。

师：就是你对未来感到迷惘。

生：对！我觉得我父母算是比较宽容的，他们一直鼓励我去尝试新的东西，比如说我最近在接触编程。

师：非常好，谢谢你的分享。

三、分组讨论

设计意图

分析问题，引导学生探究问题成因，正确看待青春期带来的挑战，培养学生专注于问题的解决。

【时长】10分钟。

师：刚刚听了同学们的分享，我了解到：大家都意识到了，我们进入青春期以后，发现自己更有主见了，同时也发现跟父母或其他人，观点上不容易达成一致，沟通起来不那么顺畅了，身体也发生了一些变化。那同学们思考一下：在这个过程当中，我们是不是既感受到成长的喜悦，也碰到了成长的烦恼？

生：是的。

师：那这些喜悦和烦恼是正常的吗？

生：是的。

师：青春期是我们人生必经的阶段。你们的父母、老师，也和你们一样，都是从童年走向青少年，经历过这个青春期，才能逐步成长为更独立、更有主见、更完整的成人。在这个阶段确实会面临很多挑战，我们该怎么去应对呢？有没有好的做法可以分享？

无论是亲身经历，还是通过阅读书籍或从互联网和影视作品中了解到的好办法，只要可以帮助我们解决这些成长烦恼的，都可以贡献出来。

针对青春期可能出现的烦忧和烦恼，有哪些好的做法想法，我们都可以记录下来，等一下老师希望收集到所有同学的建议和智慧，形成一个行动指南，来帮助更多同学，好吗？下面从我的左边开始报数。

生：1，2，3，4，5，6，7，8……

师：请每个组的2号同学上前领一张小海报和笔回自己组，并组织小组在原地围圈就座，参与讨论并记录小组总结的应对青春期的小妙招。时间大概是5分钟左右。

（学生分组讨论后，把完成的海报张贴在黑板上）

四、整理汇报

> **设计意图**　小组汇报，培养学生专注于问题的解决，选择自己认可且愿意尝试的方法。
>
> 【时长】12分钟

师： 谢谢全班同学的积极参与，贡献出这么多智慧锦囊！下面请大家来看我们每个小组的海报，上面的建议是否都符合3R1H原则？

生： 都符合。

师： 嗯，所以我们班的同学思考力很强，每次发言都能够遵照这个原则来进行。那下面再看看，这些建议中，有没有用了"不语言"？是否可以转为正面语言的？正面语言会让人更容易接受，更愿意配合。

生： 没有。

师： 非常好！说明大家对正面教育工具的运用都很熟练了。那我们再看看，这么多建议里面，有没有内容相似或重合，可以整合的？

生： 有一条。

师： 哪条？

生： 与人沟通。

师： 我需要一位书记员来记录一下。

（书记员记录）

师： 哪一条是我们很多组都提到过的好办法？

生： 第一组的"积极沟通"。

师： 好的，看，每个组都能想到这个办法呢。

生： 还有"找人帮忙"。

师：是呀，青春期如果碰到了烦恼困扰，我们最需要求助的就是家长和亲人了，对不对？

生：是的。

师：还有哪条是很多组都选了的？

生：多喝热水。

师：多喝热水是我们的什么习惯啊？

生：饮食习惯。

师：多喝热水有什么好处吗？

生：有益于健康。

师：是的，我们在青春期的时候，身体发育会发生比较多的变化，比如，皮肤油脂分泌旺盛，然后长痘，对不对？如果保持清淡饮食，多喝热水，多吃健康的食物，不但有益于我们身体发育，还会帮助我们维持良好的状态，对不对？还有哪些好办法是我们很多组都提出来了的？

生：锻炼。

师：第一组提出来的"经常锻炼"这一条很好，例如，不高兴的时候去跑跑步、打打球，运动能让我们感觉好起来。是吧？

生：是的。

师：其实，运动有很多选择，可以跑步、散步、打球……只要是自己喜欢的运动，都可以去做，都能让我们感觉好起来。还有哪条？哦，这一组提到"多尝试做有利于身心健康的事情"。好，同学们能举个例子吗？

生：比如说，多学习、多听音乐。

师：我能不能概括为"多尝试做自己喜欢的事情"？

生：可以。

师：多做自己喜欢的事情，会让我们感到身心愉悦。好的！大家喜欢的事情还有哪些？哦，这还有一个"打沙包"。假如打沙包可以帮助我感觉好起来，是我喜欢的事，我可不可以做？

生：可以！（很赞同地）

师：阅读可以吗？比如老师小时候就特别喜欢阅读，我开心和不开心的时候都喜欢阅读。还有，睡觉是不是也可以成为自己喜欢的一件事情？

生：是！（恍然大悟）

师：睡眠太重要了，睡一个充足的觉，会让我们的感觉很快地好起来。那就把"睡觉"这一条也写进去。还有这一条"沉思"。我们需不需要安静下来去思考一些问题，想出一些解决问题的办法？

（学生点头）

师：沉思——嗯，也是个很好的做法。你们提供的经验太棒了！还有"想一些开心的事"，对不对？

生：对！还有"建议查阅相关书籍资料"。

师：是的，既然我们对青春期不了解，那我们就要主动去查找相关书籍，把青春期的一些特点了解清楚了，就会坦然接受它带来的变化，对吗？这确实是个好办法。还有吗？

生：保持乐观。

师：保持乐观——就是让自己思考事情积极的一面。

生：对。

师：哦，还有一条——积极沟通。在这里补充一下：积极沟通不仅是跟我们的父母，还可以跟朋友、跟老师、跟小伙伴们多交流，这也能够帮助我们应对青春期的烦恼，对吗？现在全部小组的讨论结果都整理完毕了，还有没有落下哪个组的建议？

生：没有。

师：好的，谢谢大家，接下来请同学们一起朗读全班共同整理出来的应对青春期的小妙招。

生（齐读）：

1. 积极沟通（与父母、朋友、老师）。

2. 多喝热水，保持健康饮食。

3. 经常运动，锻炼身体。

4. 尝试做自己喜欢的事（可以听音乐、阅读、睡觉、沉思等）。

5. 查阅书籍，了解更多青春期的知识。

五、总结

设计意图

通过"爆米花"式发言，引导学生回顾本节课的收获，并延伸到日常生活中，自我赋能，立德导行，让学生在未来面临青春期难题的时候，能够提前有所思索，储备更多可行性强的解决办法与对策。

【时长】3分钟

师：亲爱的同学们，通过这节课，我们用集体的智慧找到了应对青春期的小妙招。谁愿意来分享一下，自己在这节课上收获最大的一点是什么？

生：我最大的收获是知道在面对身体的一些变化时，不必太紧张，还知道了一些应对的方法。

生：我知道了原来大家都和我一样，我并不是最特别的一个。

生：我知道了控制情绪的好办法。

生：我有一个好朋友最近就遇到了类似的青春期烦恼，我想我可以给她一些建议了。

生：我知道了在与人沟通时，要多换位思考。

......

师：看！同学们不仅长身体了，学习能力和思考能力也提高了不少！老师为大家的收获点赞！建议大家可以把这些小妙招粘贴在班上最醒目的位置，或者写进日记里，还可以粘贴在你们房间的书桌上。当我们遇到一些青春期的烦恼、困难、困惑的时候，或者身边的小伙伴们遇到困扰的时候，我们可以尝试从小妙招里找一找，看看能否得到一些助人助己的做法和建议。让我们未雨绸缪，更好地度过我们的青春期！老师相信大家能做得到！

六、课后反思

优点：课堂环节清晰流畅，师生情感真诚自然，选题切中学生的成长需求，能充分尊重学生，激发学生的积极性，有效引导学生自我反思、自我赋能、阳光成长！

不足：结尾升华不够，可让学生谈谈自己最大的收获，并勉励学生要珍惜青春的大好时光，不负韶华，树立远大理想并为之奋斗。

海报设计：

青春期的喜悦	青春期的烦忧	应对青春期的小妙招

作 者 信 息

姓　　名：潘秀琼　　　　　　　单　　位：广州市天河区昌乐小学